Uwe Bork
Komische Heilige

PIPER

Zu diesem Buch

Wunderbares und Wunderliches liegt in allen Religionen eng beieinander – kaum zu glauben, was so alles geglaubt wird! Da gibt es die Schar der katholischen Heiligen, einer wundertätiger als der andere. Die Geschichten sind dramatisch: Drachen, die durch Weihwasser gebändigt werden oder verwandelte Einhörner – und oft auch komisch: wenn Männern Haarkleider wachsen oder Frauen Zusatzbrüste. Uwe Bork führt den Leser in die absurden Ecken von Christentum, Hinduismus, Judentum. Aber auch zu den neuen Religionen, etwa in der Inselwelt Melanesiens, wo der Cargo-Kult zuhause ist, dessen Anhänger mit selbstgebauten Kopfhörer-Attrappen Kontakt zu den Ahnen aufnehmen.

Uwe Bork, geboren 1951, war zunächst freier Journalist, bevor er 1998 die Leitung der Fernsehredaktion ›Religion, Kirche und Gesellschaft‹ des Südwestrundfunks übernahm. Für seine Arbeiten wurde er unter anderem mit dem *Caritas-Journalistenpreis* sowie zweimal mit dem *Deutschen Journalistenpreis Entwicklungspolitik* ausgezeichnet. Uwe Bork ist Autor mehrerer Bücher und lebt in Esslingen.

Uwe Bork

Komische Heilige

Sonderbares aus der Welt der Religion

Piper München Zürich

Mehr über unsere Autoren und Bücher:
www.piper.de

Für Bruni, Lea und Christoph,
die mir jeden Tag selbst die komischsten Heiligen
noch erträglich machen.

FSC
Mix
Produktgruppe aus vorbildlich bewirtschafteten
Wäldern und anderen kontrollierten Herkünften
www.fsc.org Zert.-Nr. GFA-COC-001223
© 1996 Forest Stewardship Council

Originalausgabe
Juli 2010

Umschlag: semper smile München
Umschlagabbildung: Martin Guhl / dieKLEINERT.de
Satz: Kösel, Krugzell
Papier: Munken Print von Arctic Paper Munkedals AB, Schweden
Druck und Bindung: CPI – Clausen & Bosse, Leck
Printed in Germany ISBN 978-3492-25912-5

Inhaltsverzeichnis

Die Stellung der Missionare

Was im Sex erlaubt ist – und was nicht

Verflucht sei das Mischgewebe!

Kleiner Katalog der verrücktesten Vorschriften

Göttliches Gebein

Von religiösen Requisiten und kuriosen Kulten

Und jetzt noch etwas wirklich Aufbauendes …

Unglaublich!

Neugierige Blicke in ein himmlisches Kuriositätenkabinett

Soviel steht fest: Gott hatte Söhne und die liebten Menschenfrauen! Sie zeugten mit ihnen sogar Kinder, die zu einem Geschlecht von Riesen heranwuchsen. Glauben Sie nicht? Steht so aber in der Bibel. Genauer gesagt im 1. Buch Mose. Passenderweise findet sich dort, wo von der Erschaffung der Welt berichtet wird, auch die Geschichte von den liebestollen Gottessöhnen (1. Buch Mose, 6, 1–4). Religionslehrer übergehen sie gern, und selbst gestandene Theologen kommen schnell ins Grübeln, wenn sie ihre Bedeutung erklären sollen.

Wussten Sie übrigens auch, dass es einen Schutzheiligen der Latrinenreiniger gibt? Für deren Wohl ist im Himmel sogar ein leibhaftiger Papst zuständig: Julius I., der sich auf Erden diesen himmlischen Karriereknick wohl nicht unbedingt erträumt hätte. Sehr wohl möglich, dass er lieber zum Patron einer anderen Berufsgruppe aufgestiegen wäre, der Diplomaten, der Richter oder der Schriftsteller zum Beispiel. Oder wenigstens der Steuerberater, was angesichts des Peterspfennigs ja auch nicht so ganz abwegig gewesen wäre.

Merkwürdig ist das alles schon, doch zumindest katholische Christen glauben fest daran, dass es im Himmel für so ziemlich jede Tätigkeit einen Schutzheiligen gibt. Und damit eben auch für den sicher ebenso verdienstvollen wie notwendigen Stand der Latrinenreiniger.

Warum deren Patron dann aber ausgerechnet ein Papst sein musste? Nun, wir werden sehen: Für diese Entscheidung lassen sich mehrere Deutungen finden.

Erklären lässt sich auch, warum der englische Prinz Philip auf einer Südseeinsel als Gott verehrt wird, was es mit der Göttlichkeit eines fliegenden Spaghettimonsters auf sich hat und warum die Anhänger des Fußballstars Diego Maradona sich in einer eigenen Religion zusammengefunden haben.

Kirchliche Kuriositäten gibt es überall, nicht nur in den abgelegensten Gegenden unserer Erde, wo ferne Stämme Sonne, Mond und Sterne anbeten oder – ganz ökologisch korrekt – ihre Gottheiten in der Natur suchen.

Auch in unseren Breiten mag man sich manchmal respektlos fragen: Wer soll das eigentlich alles glauben? Da gibt es doch tatsächlich auch bei uns Orte, in denen es etwa dem Seelenheil dienen soll, wenn sich Menschen durch ein enges Loch in einem Felsen oder in einer Kirchenmauer quälen. Vielleicht liegt eines dieser merkwürdigen Heiligtümer ja sogar gerade bei Ihnen um die Ecke …

Seien wir also ruhig einmal neugierig. Durchaus mit Ehrfurcht, aber trotzdem ganz ohne Scheu. Seit den Tagen des Paradieses, als Eva mittels eines verbotenen Apfelbisses unbedingt an Wissen und Weisheit mit ihrem Schöpfer gleichziehen wollte, hat es die Menschen schließlich stets interessiert, wie sie einen Ehrenplatz im Jenseits bekommen, wie es dort aussieht und wer dort wohl auf sie wartet.

Nur für die wenigsten Sterblichen hat sich in der langen Menschheitsgeschichte allerdings eine Art spirituelles Schlüsselloch ins Übersinnliche geöffnet. Diese Auserwählten sind die Adressaten göttlicher Offenbarungen, sie halten sich selbst dafür oder werden von anderen schlicht dafür gehalten. Ihre Chance: Sie könnten als Brückenbauer zwischen dem hüben und dem drüben dienen, als ›Pontifex‹, wie einer der vielen Titel der Päpste lautet.

Leider ist ihr Brückenbau jedoch nur zu oft auf halber Flussbreite steckengeblieben, wenn er überhaupt über den seichten Uferbereich hinauskam. Ihre Offenbarungen bleiben mit ihrer verschlüsselten Sprache häufig unverständlich, manchmal erscheinen sie wirr, manchmal sind sie schlicht merkwürdig.

Doch betrachten wir sie und ihre Ideen auf den nächsten Seiten einfach einmal mit unbefangener Erwartung. Möglicherweise sind ihre Gedanken ja gar nicht immer so völlig abwegig.

Schlagen wir zum Beispiel die Schöpfungsgeschichte der Bibel auf. Gleich im ersten Kapitel heißt es dort, dass Gott die Menschen nach seinem Abbild schuf.

So weit, so gut. Aber auch so eindeutig?

Aus möglicherweise verständlichen, aber durchaus nicht schlüssigen Gründen nehmen wir in der Mehrheit an, unser Schöpfer sei als ein würdiger und weiser alter Mann zu sehen, eine Art Gandalf der Graue auf christlich.

Doch warum eigentlich? Warum muss unser Gott unbedingt einen langen Bart haben und alt sein? Könnte er nicht genauso gut aussehen wie George Clooney, Brad Pitt oder Till Schweiger? Die biblische Aussage, dass wir Menschen so aussehen wie unser Schöpfer, stimmte dann doch immer noch, – zumindest für die etwas besser durchtrainierten unter uns.

Denken Sie ruhig einmal darüber nach …

Philip der Allmächtige

Wer im Himmel so alles regiert

Der göttliche Herzog

Wenn man einer Studie der britischen *New Economics Foundation* glauben will, liegt das irdische Paradies irgendwo im Südpazifik. Dort, in der aus 83 Inseln und Inselgruppen bestehenden und seit 1980 unabhängigen Republik Vanuatu mit ihren rund 200 000 Einwohnern, leben nämlich augenscheinlich die glücklichsten Menschen der Erde, – zumindest, wenn man als Messgrößen die allgemeine Zufriedenheit mit den eigenen Lebensumständen, die durchschnittliche Lebenserwartung und den sorgsamen Umgang mit der Umwelt nimmt.

Rein materieller Reichtum kann es nicht sein, der die Bürger Vanuatus so glücklich macht. Zwar verfügt das Land zum Hoppen zwischen den Inseln des Archipels über immerhin 31 Flugplätze, aber das ohnehin nur etwa 1000 Kilometer lange Straßennetz ist höchstens zu einem Viertel asphaltiert, und die glorreiche Handelsmarine Vanuatus begnügt sich mit gerade einmal fünfzig Schiffen.

Die Bewohner des Staates mit der nicht unbedingt unter die Metropolen dieser Welt zu rechnenden Hauptstadt namens Port Vila können noch nicht einmal groß miteinander ins Gespräch kommen: Vanuatu hat die größte Sprachendichte der Welt. Insgesamt werden dort 106 lokale Sprachen gesprochen, was in der Vergangenheit dazu führte, dass die Menschen sich mithilfe von Zeichnungen verständigten, die sie in den Sandboden ritzten. Für die Vermittlung komplizierter Sachverhalte mag dies nicht die Kommunikationsmethode der Wahl sein, immerhin wurde sie aber von der UNESCO als ›Kulturerbe der Menschheit‹ anerkannt.

Nicht reich, nicht mächtig, nicht unbedingt ein Zentrum einfacher Kontaktpflege: Was könnte es sein, das Vanuatus Bevölkerung so über die Maßen glücklich macht?

Vielleicht haben wir in der falschen Richtung gesucht. Vielleicht ist es weniger das Denken in materiellen Kategorien und stattdessen mehr eine spirituelle Offenheit, die Vanuatu zu einem Inselreich der Seligen macht.

Zwar gehören mehr als zwei Drittel der Bevölkerung einer der christlichen Kirchen an, daneben gibt es jedoch noch zahlreiche, zum Teil nur lokal oder bestenfalls regional praktizierte Religionen. Eine von ihnen könnte dem Archipel nun einen der vorderen Plätze auf einer weltweiten Liste der religiösen Merkwürdigkeiten sichern.

Es war der BBC-Journalist Nick Squires, der am 9. Juni 2007 nach – wie er selbst sagt – jahrelangen Recherchen mit einer kaum glaublichen Geschichte an die Öffentlichkeit trat: Er bestätigte seit langem rumorende Gerüchte, nach denen in einer Gruppe von Dörfern auf der zu Vanuatu gehörenden Insel Tanna Prinz Philip, weltweit bekannt und anerkannt als Ehemann von Königin Elisabeth II. und Herzog von Edinburgh, auf der Karriereleiter eine entscheidende Stufe nach oben gefallen ist. Auf Tanna wird er als Gottheit verehrt!

Der Kult um den als eher erdverbunden bekannten Philip

geht vermutlich zurück auf die Fünfziger- und Sechzigerjahre des vergangenen Jahrhunderts. Damals bildeten die Inseln unter dem Namen ›Neue Hebriden‹ ein sogenanntes ›Kondominium‹, das von Frankreich und Großbritannien gemeinsam verwaltet wurde. In seinen Amtsstuben dürften deshalb neben Portraits des französischen Staatspräsidenten auch Aufnahmen des britischen Königspaares an den Wänden gehangen haben. Die kaum weltläufigen Ureinwohner der Inseln mögen diese fremden weißen Menschen in ihren starren Posen eingehend und mit einigem Erstaunen begutachtet haben.

Zumindest bei den Yaohnanen auf der Insel Tanna mischte sich in dieses Bestaunen offensichtlich auch irgendwann ein Wiedererkennen, denn seit Hunderten oder vielleicht sogar Tausenden von Jahren machte in den Dörfern dieses Stammes eine rätselhafte Legende die Runde. Sie berichtet von dem hellhäutigen Sohn eines Berggeistes, der einst aufgebrochen war, um sich jenseits des Meeres eine mächtige Gemahlin zu suchen und dann mit ihr auf seine Insel zurückzukehren.

Das würdevolle Paar auf den amtlichen Bildern schien dieser Beschreibung der göttergleichen Eheleute voll und ganz zu entsprechen. Prinz Philip, ebenso hochgewachsen wie hellhäutig, die Frau an seiner Seite augenscheinlich eine Gekrönte von beträchtlichem Einfluss: ein Foto wie eine Offenbarung! Man kam ins Grübeln auf Tanna.

Die Überlegungen wurden weiter angeheizt, als die Königin und ihr Prinzgemahl im Jahr 1974 den Neuen Hebriden einen offiziellen Besuch abstatteten. Hier war er nun plötzlich leibhaftig unter ihnen, der so lange vermisste Sohn des Berggeistes. Und welche Pracht er entfaltete: Auf die häufig nur spärlich bekleideten Inselbewohner, die ihm in ihren Einbäumen zur Begrüßung entgegengefahren waren, muss es überwältigend gewirkt haben, als sie den ja durchaus nicht ungestalten Herzog von Edinburgh in seiner weißen Marine-Prachtuniform an Bord der königlichen Jacht Britannia erstmals leibhaftig zu Gesicht bekamen.

Oder, wie es Jack Naiva, steinaltes Dorfoberhaupt und inzwischen selbst stolzer Besitzer von drei Philip-Fotos, gegenüber der BBC feierlich formulierte: »Er ist ein Gott, kein Mensch!«

Der Gatte von Englands Königin Elisabeths ein Gott? Der provokante Prinzgemahl, der oft genug von allen guten Geistern verlassen scheint, nun sogar selbst einer von ihnen? Das ist für unsere Breiten wohl doch eine Geschichte, die noch nicht einmal in den Blättern mit den bunten Überschriften und großen Buchstaben auch nur die geringste Chance hätte.

Anders auf Tanna. Hier findet man die Idee eines allmächtigen Philipps offenbar überhaupt nicht grotesk oder absurd. Um zu erklären, warum das so ist, müssen wir einen kleinen historischen Exkurs einschieben.

Die Inselwelt Melanesiens ist schon seit mehreren Tausend Jahren von Menschen bewohnt; die ältesten Funde gehen auf die Zeit um 2000 v. Chr. zurück. Folglich lässt es sich bestenfalls mit dem Stolz von Kolonialisten rechtfertigen, wenn immer noch davon gesprochen wird, dass die Inseln der heutigen Republik Vanuatu im siebzehnten Jahrhundert ›entdeckt‹ wurden.

Die Insel Tanna selbst wurde erstmals im Jahr 1774 von einem Weißen betreten. Es war Captain James Cook, der damals als Vertreter einer hochgerüsteten und technologisch übermächtigen Zivilisation auf Eingeborene traf, die mit Pfeil und Bogen wilde Schweine jagten und außer einem aus Gras angefertigten Penisfutteral einengende Kleidung weitgehend verachteten.

An dieser Konstellation sollte sich über die Jahrhunderte nicht viel ändern. Europäische Siedler und europäische Mächte präsentierten sich als Herren, die im Zweiten Weltkrieg einzelne Inseln des Archipels sogar für Militärbasen nutzen. An einer Förderung und Entwicklung der melanesischen Urbevölkerung hatten sie – außer durch eine nicht immer freiwillige Christianisierung – dagegen wenig Interesse. Oben wie unten blieb man weitestgehend unter sich, eine Gesellschaft nach dem Latte-macchiato-Prinzip: oben weiß, unten braun.

In einer solchen Umgebung tatsächlicher oder empfundener Unterdrückung kann es nicht verwundern, wenn sich immer wieder religiöse oder quasi-religiöse Bewegungen bilden, die ihre alltäglich erfahrene Wirklichkeit mit den uralten Mythen verbinden, die in ihrer Gesellschaft von Generation zu Generation weitergegeben wurden. Das war unter den Juden in der Zeit des Alten Testamentes nicht anders als unter den Christen des Mittelalters. Strömungen dieser Art finden sich in allen Glaubensrichtungen; sie sind weniger ein Zeichen für ein zurückgebliebenes Denken, viel stärker dagegen für eine wache Auseinandersetzung mit der Realität. Und für den Versuch, aus einer Situation der Machtlosigkeit heraus zu den Siegern aufzuschließen, indem Teile ihrer Kultur für die eigene Entwicklung in Dienst genommen werden.

Dass es auf Tanna nun ausgerechnet den Herzog von Edinburgh traf, zum Gott befördert zu werden, ist allerdings wohl eher Zufall. In ein wenig anderen politischen Konstellationen oder bei nur leicht verändertem Wandschmuck in den Inselbüros hätte es beispielsweise auch General de Gaulle sein können, der dann zu allerhöchsten Würden aufgestiegen wäre.

Doch gleichgültig, ob nun französischer Feldherr oder britischer Royaler: Als auf Tanna Prinz Philip göttlich wurde, machten damit die Eingeborenen eine der Gallionsfiguren der Fremdherrschaft zu ihrem erhofften Retter. Das dürfte sich von außen betrachtet als Versuch deuten lassen, die scheinbar überlegene Kultur der Kolonialisten mit den eigenen Werten und den eigenen Traditionen in Übereinstimmung zu bringen. Was als Dominanz ja durchaus auch bedrohlich empfunden werden könnte, wird in den eigenen Horizont integriert und zu einem Element der eigenen – indigenen – Prophezeiungen und Weltanschauungen gemacht.

Um zu beobachten, wie mittels dieser Kultur- und Religionsaneignung die himmlischen Herrlichkeiten auf verblüffende Weise noch mit ganz anderem Personal bevölkert werden als nur mit britischen Adligen, bleiben wir noch ein wenig in der Südsee.

Auf der Insel Tanna gibt es nämlich noch die Bekanntschaft eines weiteren Gottes zu machen. In diesem Zusammenhang wird von sehr irdischen Geschenken die Rede sein, die ganz einfach vom Himmel fielen.

Der Messias aus Amerika

Das Rätselhafte dieses Gottes beginnt schon bei der Schreibweise seines Namens. Die meisten schreiben ihn ›Jon Frum‹, andere bevorzugen ›John Frum‹ oder eindeutiger ›John From‹. Letzteres deutet dann schon darauf hin, um wen es sich bei diesem weiteren pazifischen Gott handeln könnte: Hinter

John From könnte mit vollem Namen nämlich ›John from America‹ stecken, der heilsbringende ›John aus Amerika‹.

Begonnen hat seine Geschichte irgendwann gegen Ende des ersten Drittels des vergangenen Jahrhunderts auf der – wie eben bereits gesehen – für religiöse Inspirationen augenscheinlich besonders empfänglichen Insel Tanna. Die Berichte darüber, was sich damals genau abspielte, sind allerdings leider nicht ganz eindeutig.

Nach einem Teil der Darstellungen war es ein Eingeborener namens Manehivi, der sich plötzlich ›Jon Frum‹ nannte und seine Landsleute aufforderte, die westliche Zivilisation abzulehnen und zu ihrem traditionellen Lebensstil zurückzukehren. Nach anderen Quellen ist Jon Frum gleichbedeutend mit dem Sohn Gottes, der unter dem örtlichen Vulkan Yasur, dem Ursprung der Welt, lebt und ebenfalls ein Festhalten an den Traditionen fordert. Für den Fall, dass sie wieder höher geachtet würden, prophezeit er den Anbruch eines neues Zeitalters. Die Abkehr von den Werten des Westens sollte sich nach Jon Frum dabei nicht nur in spirituellem Gewinn auszahlen: Auch materieller Reichtum wäre eine nicht zu verachtende Belohnung.

Die im Zweiten Weltkrieg in der Südsee stationierten Soldaten waren es, die mit ihrer Unübersehbarkeit diese neue Religion schnell voranbrachten. Zwar lehnten ihre Anhänger die Fremden, deren Lebensstil und deren Werte auf der einen Seite ab, andererseits waren sie von der Macht und dem Wohlstand der Fremden ganz offensichtlich stark angezogen. Sie wollten Anteil haben an den Wohltaten, die den so plötzlich aufgetauchten Menschen aus Übersee in ihren Augen geradezu zuzufliegen schienen.

In der Folge hieben sie symbolische Landebahnen samt den entsprechenden Markierungen in den Dschungel, um die als eine Art Götterboten aus dem Jenseits empfundenen amerikanischen Frachtflugzeuge dazu zu bringen, bei ihnen zu landen oder wenigstens die wertvollen Güter in ihren Rümpfen per Fallschirm über ihren Dörfern abzuwerfen. Der mehr oder minder mystische Flugplatzbau gab der neuen Religion auch den Namen, unter dem sie in die Wissenschaft eingehen sollte: *Cargo-Kult*, wobei das Cargo dem englischen Begriff für Frachtgut entspricht.

In den Augen der Melanesier konnten die aus der Luft oder per Schiff zu ihnen gelangenden Güter nur auf das Wirken übernatürlicher Mächte zurückzuführen sein, und mit denen mussten die Amerikaner augenscheinlich in besonders engem Kontakt stehen. Wie wäre es anders zu erklären, dass sie besonders stark von den herangebrachten Waren, der ›cargo‹, profitierten, während die eigentlichen Inselbewohner weitgehend leer ausgingen?

Die mysteriöse Lage wurde noch dadurch verschärft, dass mit dem Ende des Zweiten Weltkrieges die amerikanischen Truppen wieder verschwanden und für die zumindest noch zeitweise verbleibenden Soldaten die Versorgungslinien ausgedünnt wurden. Der Segen aus der Luft blieb immer stärker aus, das Land schien bei den Göttern in Ungnade gefallen zu sein.

Besondere religiöse Anstrengungen waren die Folge, ›John aus Amerika‹ wurde immer wichtiger. Noch 1957 wurde von der Jon-Frum-Bewegung, die die Insel Tanna bis dahin schon mit großen roten Holzkreuzen bepflastert hatte, eine gewaltlose ›Tanna-Army‹ gegründet, die mit rituell bemalten Gesichtern über die Insel marschierte. Bekleidet waren ihre Soldaten mit weißen T-Shirts, auf die die fünf Buchstaben ›T-A USA‹ gedruckt waren: ›Tanna-Army USA‹.

Ganz verschwunden ist die Hoffnung, die sich mit dem Frum-Kult lange verband, noch immer nicht. Einem Team des Deutschen Fernsehens erklärte ein gewisser Issac Watan, der als Oberhaupt der Frum-Anhänger gilt, erst jüngst: »John wird wiederkommen mit unseren Vorfahren und uns all das bringen, was die Weißen in Amerika und Europa bereits haben.«

Ganz so viel Geduld wie die Christen, die seit rund 2000 Jahren auf die Wiederkehr ihres Herrn warten, scheinen die Anhänger Jon Frums allerdings nicht zu haben. Da bislang keine Anzeichen für seine Rückkehr ausgemacht wurden und der Geschenkesegen aus der Luft auch nicht mehr in nennenswertem Ausmaß auf die Inseln der Südsee niedergeht, vermindert sich langsam die Zahl derer, die den Messias aus Amerika erwarten und auf seine Hilfe setzen.

Doch auch wenn sie nicht mehr so zahlreich sind wie früher: Für einen eigenen Feiertag reicht es bei den Gläubigen immer noch. An 15. Februar jeden Jahres ist in Vanuatu ›Jon-Frum-Day‹. Unter anderem begangen mit Paraden, in denen ›Soldaten‹ Bambusgewehre tragen, deren Spitzen in rote Farbe getaucht wurden: sie symbolisieren Bajonette.

Prinz Philip, Jon Frum oder jemand völlig anderes: Die Frage, auf wen wir nach unserem Tod im Himmel treffen werden, könnte also durchaus noch die eine oder andere Überraschung für uns bergen. Nur eines erscheint vor diesem Hintergrund eindeutig: Christen dürften zumindest sicher sein können, dass derjenige, der ihnen dereinst auf dem Richterstuhl des Jüngsten Gerichtes gegenübersitzen wird, auch so aussehen wird, wie sie sich das immer vorgestellt haben. Schließlich ist die Bibel in diesem Punkt ja klar und präzise.

Oder doch nicht?

Er! Sie? Es?

Nehmen wir einmal an, die Stelle wäre frei. Momentan unbesetzt. Die Position eines Gottes und Weltenschöpfers müsste neu ausgeschrieben werden. Welche Qualifikationen wären für diesen Spitzenposten eigentlich unabdingbar?

Beginnen wir mit einem einfachen, aber nicht ganz unwesentlichen Punkt: Männlich müsste unser potenzieller Gott nicht unbedingt sein! Das gilt sogar für das Juden- und das Christentum.

Nicht nur die Machos beider Religionen neigen zwar seit je dazu, ihren Gott ausschließlich als einen Mann zu sehen, für diese Vermutung gibt es jedoch keine Belege. Die von der Bibel konstatierte äußere Ähnlichkeit von Gott und Mensch erlaubt diesen Schluss ebenso wenig wie die weit verbreitete Meinung, ein gewisser Adam sei der erste Mensch auf der Welt gewesen.

Die Schöpfungsgeschichte ist hier gleichzeitig präziser und unverbindlicher als es viele Männer wahrhaben wollen. Fast hat es deshalb den Anschein, als würden manche ganz besonderen ›Herren der Schöpfung‹ weniger von dem Wunsch geleitet, die heilige Schrift ihres Glaubens besser kennenlernen zu wollen. Für sie scheint eher die gar nicht so spirituelle Absicht im Vordergrund zu stehen, ihre Vorherrschaft am Altar, im Kirchenschiff und anderswo gewissermaßen mit göttlicher Autorität festzuschreiben. Vertiefte mann sich nämlich mehr als nur oberflächlich in die Schöpfungsgeschichte, fände er dort bereits im ersten Kapitel des Buches Genesis im Vers 27 die unmissverständliche Formulierung: »So schuf Gott die Menschen nach seinem Ebenbild und als Mann und Frau.«

Leider hält dieser so famos-fortschrittliche Anschein der Gleichberechtigung allerdings nicht lange vor: Bereits im zweiten Kapitel des Buches Genesis beginnt eine alternative Version der Erschaffung der Welt. Und in dieser Fassung findet sich dann endlich die berühmte Geschichte vom einsamen Adam, der unbedingt Gesellschaft braucht und dem sein Herr deshalb – nach diversen fruchtlosen Versuchen mit der Tierwelt – schließlich eine menschliche Kumpanin an die Seite stellt. In einem legendären Akt fortgeschrittenster plastischer Chirurgie wird sie aus einer Rippe ihres späteren Mannes gebildet.

Die Männer haben sich also wieder einmal durchgesetzt? Mitnichten!

Obwohl im Aufbau der Bibel nach dem ersten Schöpfungsbericht zu finden, ist die zweite – und leicht chauvinistische – Erzählung in Wahrheit die ältere. Sie dürfte irgendwann zwischen 950 und 750 v. Chr. entstanden sein und widerspricht der ersten Version zwar teilweise, in mancher Beziehung ergänzt sie deren Inhalte aber auch. In ihr geht es viel stärker als in der Konkurrenzschrift um die sittliche Bestimmung des Menschen. Um das, was er darf und was er nicht darf. Um das, was er will und um das, was er wollen sollte.

Weil die beiden ersten Menschen sich nämlich vom göttlichen Gebot unabhängig machen wollen und in die vermeintlich süße Frucht der Erkenntnis beißen, müssen sie letztendlich scheitern. Ausweisung aus dem Paradies und Schluss.

Unter den Folgen haben wir nach christlicher Deutung bis heute zu leiden.

Die jüngere Fassung der Schöpfungsgeschichte mit ihrer gleichzeitigen Erschaffung von Mann und Frau wird als Autor einem oder mehreren P (für ›Priester‹) zugeschrieben; sie ist wahrscheinlich zwischen 550 und 500 v. Chr. entstanden.

Dieser Zeitraum fällt damit in eine für die Juden besonders bittere Epoche ihrer Geschichte: Historisch war dies die Zeit des babylonischen Exils.

Vor seinem Hintergrund und wie zum Trost betonen die Verfasser in dieser neuen Version von den ersten Tagen unserer Welt deshalb gleich mehrfach, dass alles, was der himmlische Herr hervorbrachte, ohne Ausnahme gut war. Sollte der tägliche Augenschein in der Unterdrückung ›an den Flüssen Babels‹ das Gegenteil nahe legen, konnte es sich dabei folglich nur um temporäre Rückschläge handeln.

Dasselbe gilt für die Erschaffung von Mann und Frau. Während in den vorderasiatischen Religionen dieser Zeit der irdische Herrscher auch gleichzeitig der Stellvertreter Gottes auf Erden oder gar ein Gott selber ist (das Gottesgnadentum europäischer Kaiser und Könige im Mittelalter und darum herum ist von dieser Idee nicht so ganz weit entfernt), vertritt die biblische Erzählung geradezu basisdemokratische Ideen. Hier entstehen Mann und Frau nicht nur gewissermaßen in einem schöpferischen Arbeitsgang: Gleich welchen Geschlechtes, welcher Hautfarbe und welcher gesellschaftlichen Stellung sind nach diesem Bericht alle Menschen ohne jede Rangabstufung und in derselben Weise Ebenbilder Gottes. Krönung und Höhepunkt der Schöpfung.

Nichts ist es also mit der manchen Männern lieb gewordenen Annahme, noch der letzte Weizenbierfreund auf Mallorca, der im Ballermann seine maskuline Härte am erreichten Promillewert misst, sei quasi ein äußerlicher Klon seines himmlischen Herrn. Wenn sie die Bibel genau und kritisch lesen, können sich Mann *und* Frau im jüdisch-christlichen Gott ohne Unterschied wiedererkennen. Zwischen ihnen gibt es keine Hierarchie, kein oben und unten, keine Ungleichheiten.

Nirgendwo im Alten wie im Neuen Testament wird ausdrücklich gesagt, Gott sei rein männlich. Zwar wird er namentlich in den Büchern des Alten Testaments oft als König, Herrscher oder Richter beschrieben, doch fehlen ihm auch nicht die eher ›weiblichen‹ Züge liebevoller Fürsorge und Zuneigung. Nach traditionellen Rollenklischees kann er uns damit sowohl Vater wie Mutter sein: Das im ganzen Christentum verbreitete Gebet des ›Vater unser‹ vermittelt also ein zumindest verkürztes Bild.

Und mehr noch: Wenn wir unseren Blick weiten und auf die anderen Religionen dieser Welt schauen, muss unsere Frage »Ist Gott ein Mann oder eine Frau?« plötzlich unwesentlich und völlig falsch gestellt erscheinen.

Ist Gott ein Mann oder eine Frau? Er muss noch nicht einmal menschenähnlich sein!

Menschen, Monstren, Mutationen

Mit einer besonders vielgestaltigen Götterwelt warten beispielsweise die alten Ägypter auf. Bei ihnen findet sich auf der Seite des Bösen zunächst einmal der Schlangengott Apophis, dessen Ruf als Erzfeind des Sonnengottes Re und als Symbol für Finsternis und Chaos auch nicht besser gewesen sein dürfte als der des paradiesischen Kriechtieres im Alten Testament. Apophis gilt unter anderem als Verursacher von Erdbeben oder Unwetter und wurde daher auch nicht direkt angebetet: Als Gefahr für das Leben rechts und links des Nils versuchte man ihn allerdings mit magischen Ritualen zu besänftigen und in Schach zu halten.

In gewisser Beziehung zeigt sich die Macht des Apophis bis heute. Dabei ist es sicher die kleinere Bedrohung, dass sich

1990 eine deutsche Death-Metal-Band nach ihm benannt hat. Deren Gefahrenpotential dürfte sich schließlich nur auf die Zerstörung menschlicher Trommelfelle beschränken.

Weit bedrohlicher tritt Apophis dagegen in einer anderen Erscheinungsform auf. Am 18. Juni 2004 entdeckte der Astronom Roy Tucker am Kitt-Peak-Observatorium im Arizona (USA) einen riesigen Gesteinsbrocken, der direkt auf die Erde zuzurasen schien. Im Lauf der nächsten Monate stieg die Wahrscheinlichkeit einer irdischen Kollision mit dem Asteroiden immer weiter an; gegen Ende des Jahres 2004 ergab sich für einen Zusammenprall ausgerechnet am Freitag, dem 13. April 2029, ein Wert von 1 : 37, eine Zahl, die angesichts der Wahrscheinlichkeit für einen Hauptgewinn im Lotto von 1 : 14 000 000 noch um einiges bedrohlicher zu wirken vermag als ohnehin schon!

Glücklicherweise geben die Astronomen inzwischen allerdings wieder Entwarnung: Nach neueren Berechnung wird der 250-Meter-Koloss die Erde wenigstens bei seinem ersten Anflug knapp verfehlen. Da uns für das Jahr 2036 oder 2037 jedoch eine weitere Begegnung mit noch ungewissem Ausgang bevorsteht, ist es nicht unbedingt unpassend, dass die Wissenschaftler dem gefährlichen Geschoss als Ergänzung zu seinem eigentlichen Namen 2004 MN 4 noch den Beinamen Apophis verliehen haben. Sollte er nämlich die Erde wirklich treffen, dürfte er dem ägyptischen Gott der Zerstörung alle Ehre machen: Nach Schätzungen der NASA würde ein Einschlag eine Energie freisetzen, die knapp 1500 Megatonnen TNT entspräche. Die größte je von Menschenhand auf der Erde gezündete Atombombe begnügte sich dagegen mit vergleichsweise bescheidenen 50 Megatonnen.

Doch der Götterhimmel über dem Nil hielt für Lebende wie Verstorbene noch weit mehr Überraschungen bereit als nur destruktive Schlangengötter mit der Zerstörungskraft ganzer Nuklearkriege. Besonders beruhigend dürfte es auf jüngst Dahingeschiedene auch nicht wirken, wenn sie im Jenseits die Augen öffneten und sich einem Wesen gegenüber sahen, das einen menschlichen Körper mit dem Kopf eines Schakals oder eines Hundes verband. Und doch war genau das die Vorstellung, die den Bewohnern des alten Ägyptens geläufig war: Der Gott Anubis leitete in dieser Kultur das Totengericht.

Als weiteres menschlich-tierisches Mischwesen wurde in der ägyptischen Mythologie Bastet, die Tochter des Sonnengottes Re, abgebildet. Sie stellte man sich als Katze oder als Frau mit einem Katzenkopf vor. Ganz ohne Bezug auf kratzende Krallen galt sie als Göttin der Fruchtbarkeit und der Liebe sowie als Beschützerin der Schwangeren.

Und damit noch nicht genug. Auf den unbefangenen Beobachter von heute mag gerade der ägyptische Götterhimmel wirken wie eine Art Zoo, in dem allerdings die Tiere die eigentliche Macht besitzen. Sie lenken das Leben der Menschen als gute oder böse Geister. Manchen von ihnen ist das anscheinend nicht genug: Sie spielen mit den Erdbewohnern wie eine Katze mit einer Maus.

Vor allem in den monotheistischen Religionen wie dem Judentum, dem Christentum oder dem Islam muss das befremdlich wirken. Ein Gott, der aus schierer Langeweile oder böswilligem Übermut das Schicksal der Menschen in die eine oder andere Richtung lenkt, ist für ihre Anhänger schlicht nicht vorstellbar. Solche Willkür ist für Juden, Christen oder Muslime mit der Würde ihres Gottes nicht vereinbar.

Auch die Götterwelt der Hindus ist durchaus nicht nur von Persönlichkeiten bevölkert, in denen sich Menschen auf den ersten Blick wiedererkennen können. Götter müssen für die

Anhänger des Hinduismus keineswegs so aussehen wie ein lokaler Maharadscha in seinem prunkvollen Palast.

Im Himmel des Hinduismus, dieser wohl indischsten aller Religionen, finden sich Wesen von einer derartigen Formen- und Farbenvielfalt wie sonst wohl nirgends im Jenseits. Da wechseln die Hauptpersonen nach Belieben Namen, Gestalt und Charakter, sie treten als Tiere auf oder sie variieren den menschlichen Körperbau durch ungewöhnliche Anzahlen von Gesichtern, Gliedmassen oder Sinnesorganen: Drei Augen und vier Arme sind unter hinduistischen Göttinnen und Göttern keine Seltenheit. Davon macht weder im Himmel noch auch Erden jemand auch nur das geringste Aufsehen.

Dabei gäbe es durchaus etwas zu sehen. Unter den Gottheiten des indischen Subkontinents finden sich gemeine Ausgeburten des Bösen ebenso wie überaus friedlich-freundliche Helfer der Menschen. Auf der einen Seite dürfte dabei die Göttin Kali die Extremposition markieren: Sie trägt einen Rock aus abgeschlagenen Armen und eine Halskette aus Schädeln und ihr wurden früher sogar Menschenopfer dargebracht. Den eindeutigen Sympathiepreis könnte auf der anderen Seite der Sohn des Gottes Shiva und seiner Gattin Parvati verdienen: Ganesh oder Ganesha, Beseitiger und Überwinder von Hindernissen, Beschützer der Kaufleute, Gott des Glückes und der Gelehrsamkeit –, um nur einige seiner Aufgaben zu nennen.

Dabei hat der Gott Ganesh durchaus selbst ein hartes Schicksal hinter sich. In der hinduistischen Mythologie wird er nämlich als Mensch mit einem Elefantenkopf dargestellt, was durchaus nicht immer, aber vor allem dann einen gewissen Charme besitzt, wenn er auf den Armen seiner wohlgestalten

Eltern als kleiner, leicht fülliger Knabe mit einem nur etwas ungewöhnlichen Haupt abgebildet wird.

Geschichten darüber, wie er zu dieser Gestalt kam, gibt es unzählige. Nach einer der bekanntesten unter ihnen war es Shiva selbst, der seinen ursprünglich ganz normal gebauten Sohn irrtümlich enthauptete. Er hatte ihn nicht erkannt, als der Junge die Badegemächer seiner Mutter bewachte. Sein Vater, dem man aus heutiger Sicht einen gewissen Hang zu cholerischer Gewalt nicht absprechen kann, hatte ihm daraufhin kurzerhand den Kopf abgeschlagen.

Als er seinen Fehler erkannte, wollte er ihn unbedingt wiedergutmachen und schwor – ebenfalls aus heutiger Sicht etwas leichtfertig – , dem Torso den Kopf des ersten Wesens zu applizieren, das ihm zu Gesicht käme. Mehr muss man dazu wohl nicht sagen. Ganeshs Aufzug wird in der Regel durch eine kleine Ratte ergänzt, die ihm sowohl als Reittier wie auch als Begleiter dient. Sie ist gewissermaßen als Anmerkung zu Ganeshs Fähigkeit, Hindernisse zu überwinden, ein Symbol dafür, wie selbst kleine Lebewesen sich durch alles hindurchbeißen beziehungsweise -nagen können und gleichzeitig ein Sinnbild von Kraft: Wenn eine kleine Ratte ein so großes Wesen wie Ganesh tragen kann, ist es auch für andere nicht unmöglich, schwere Lasten zu schultern. Im übertragenen wie im realen Sinn.

Tiere in Mythologie und Götterwelt sind im Übrigen keine Spezialität ferner Kulturen. Auch die heimischen Germanen gaben in ihren Sagen und Legenden den unterschiedlichsten Tieren eine Heimstatt. Angefangen von Sleipnir, dem überaus schnellen, da achtbeinigen Reitpferd des nordischen Hauptgottes Odin oder Wotan, über Hugin und Munin, die beiden Raben dieses Gottes, die er täglich als eine Art prähistorischer Spionagesatelliten über die ganze Welt fliegen lässt, um von ihnen die neuesten irdischen Entwicklungen zu erfahren, bis hin zu himmlischen Schweinen, deren Bedeutung sich bis in die Gegenwart übertragen hat. Leitet sich von diesen religiös nicht unumstrittenen Tieren doch mehr oder minder direkt unser (Aber-)Glaube an das Glücksschwein ab, da wilde Eber in der germanischen Mythologie ausdrücklich erwähnt werden und als heilige bzw. Totemtiere bestimmter Stämme oder Sippen durchaus eine Rolle spielten. Verstärkt wird die Verehrung der vielseitig verwendbaren Allesfresser außerdem durch eine eher banale Beobachtung: Wer sich in den früheren Zeiten menschlicher Geschichte eigene Schweine halten konnte, hatte es in der Regel bereits zu wenigstens bescheidenem Wohlstand gebracht; die gröbste Armut lag hinter ihm. Er hatte also – Schwein.

Halten wir fest: Götter besitzen keineswegs immer menschliches oder wenigstens menschenähnliches Aussehen. Sie können in den unterschiedlichsten Kulturen und zu den unterschiedlichsten Zeiten auch in den unterschiedlichsten Gestalten auftreten. Als welches Wesen sie sich jeweils konkret zeigen, bzw. als welches sie dargestellt werden, hängt dabei immer von den gesellschaftlichen Bedingungen und Werten der betreffenden Kulturen selbst ab. Ein Standardmodell gibt es daher ebenso wenig, wie es eine Rangordnung der gebräuchlichsten Göttergestalten geben kann.

Menschen und Tiere von göttlichem Geist und göttlicher Gewalt haben wir in diesem Zusammenhang auf den vorangegangenen Seiten bereits einige kennengelernt. Nach dem bewährten zirzensischen Dreiklang fehlen uns jetzt eigentlich nur noch die Sensationen.

Aber auch für sie ist gesorgt: Im breiten Spektrum der Religionen unserer Welt sind sie kaum zu übersehen. Wer kommt schon so leicht an einem göttlichen Topf Nudeln vorbei?

Nudelgrüße aus dem Jenseits

Eines steht auf jeden Fall fest: Diese Religion wächst. Und zwar weltweit. Seit sie im Juni 2005 von dem amerikanischen Physiker Bobby Henderson gestiftet wurde, hat die mehr als nur leicht ungewöhnliche ›Kirche des fliegenden Spaghettimonsters‹ stetig Anhänger gewonnen. Und das, obwohl ihre Lehren und Glaubenssätze an Plausibilität so ungefähr mit der Behauptung auf einer Stufe stehen, die Erde sei nichts anderes als eine flache Scheibe, um die eine freundliche Sonne ihre wärmenden Kreise zieht.

Spaghettigläubige würden allerdings ohne Zweifel den Vergleich vorziehen, die Lehrsätze ihrer abstrusen Religion seien ungefähr so glaubwürdig wie die Behauptung, die Welt sei innerhalb einer knappen Woche von einem himmlischen Herrn quasi freihändig und aus dem Nichts erschaffen worden. Die kuriose Kirche, an deren Spitze eine Art globaler Pasta-Papst namens Pizzocheri I. steht und deren Gläubige sich Pastafaris nennen, wurde ganz gezielt als Reaktion auf die amerikanischen Kreationisten und ihre Forderung gegründet, die biblische Schöpfungslehre gleichberechtigt mit der Theorie der Evolution an den Schulen zu unterrichten. Pasta-Prophet Henderson wollte mit seinem Anspruch, parallel dazu nun auch die Lehren von den Leistungen des fliegenden Spaghettimonsters in die Lehrpläne der amerikanischen Schulen aufzunehmen, seine Meinung untermauern, Theologie und Naturwissenschaft seien in keinem Fall zu vermischen. An den Schulen nicht. An den Universitäten nicht. Und auch sonst nicht.

Der zentrale Glaubenssatz der von Bobby Henderson gestifteten Religion lautet, dass die Welt von einem nicht nachweisbaren fliegenden Spaghettimonster geschaffen wurde. Alle Auffassungen, nach denen das Leben auf unserem Globus das Ergebnis fortlaufender Entwicklungsprozesse sei, wurden von der überirdischen Nudel selbst und ausschließlich mit der Absicht verbreitet, die Menschen zu verwirren.

Anders als die Lustfeinde manch anderer Religion glauben die Pastafaris, für die es neben der normalen Kirchenmitgliedschaft auch eine ›Premium-Version‹ gibt (einschließlich eines Mitgliedsausweises in 24-Karat-Blattgold und einer speziellen Kreditkarte), dass das Fliegende Spaghettimonster den Sex vor der Ehe geschaffen hat. Die Begründung ist schlagend einfach: »Unzweifelhaft gibt es Sex seit Bestehen der Menschheit, die Ehe jedoch noch nicht so lange.«

Monstergläubige beten »SEINE Nudeligkeit« mit Worten an, die das christliche ›Vater unser‹ mit einer Direktheit parodieren, die in anderen, weniger duldsamen Religionen als dem Christentum mit Sicherheit längst weltweite Proteste samt abgefackelter Fahnen und hingerichteter Strohpuppen zur Folge gehabt hätte. Bitten die Pastafaris doch beispielsweise: »Unser täglich Pasta gib uns heute, und vergib uns unsere Reiskugeln«, bevor sie ein paar Zeilen weiter mit klarem Adressaten fordern: »Erlöse uns von den Kreationisten, denn dein ist die Soße und der Käse und die Fleischklößchen in Ewigkeit. Ramen«

Wobei der kultisch-korrekte Schluss jedes pastafarischen Gebetes, das Wort ›Ramen‹, nichts anderes ist als der Name einer japanischen Nudelsuppe, die allerdings eher in die Kategorie der Schnellgerichte als in jene der Feinschmeckermahlzeiten gehört.

Feiertage kennen die Pastafaris natürlich auch. Zu ihren wichtigsten gehören das vermutlich nicht nur Juden bekannt vorkommende *Passtahfest*, bei dem in den Familien der Gläubigen große Mengen von Nudelgerichten gegessen werden sollen, sowie die eher karge Zeit des *Ramendan* (s. o.), mit der die Pastafaris dann endgültig einer konkurrierenden großen Weltreligion zielgenau auf die Zehenspitzen treten. Im Ramendan ernähren sich die Gläubigen ausschließlich von diversen Fertigsuppen mit Nudeleinlage, um mit diesem Akt des Verzichts der Zeiten zu gedenken, als sie noch ebenso mittel- wie anspruchslose Studenten waren.

Tritt man ein oder zwei Schritte zurück und versucht, den Kult um die übersinnlichen Teigwaren in einen größeren Zusammenhang zu stellen, geraten schnell weitere Beispiele von anderen Religionen oder Religionsparodien ins Blickfeld, die ebenfalls mit dem Mittel der Satire in traditionelle Glaubenswelten einbrachen.

Als wohl älteste dieser Bewegungen ist der ›Diskordianismus‹ zu nennen. Die Anhänger der in viele autonome Einzelgruppen zersplitterten und gegen Ende der fünfziger Jahre des letzten Jahrhunderts von einem mysteriösen Malaclypsus dem Jüngeren (alias Gregory Hill) gegründeten Kirche lieben alles Widersprüchliche. Eine der wichtigsten Sentenzen aus ihren Lehren lautet dementsprechend: »Der nächste Satz ist eine Lüge. Der vorhergehende Satz ist wahr.«

Eine kirchliche Hierarchie einschließlich Papst und Propheten, wie sie die Pastafaris mit Prunk praktizieren, kennen die Diskordier nicht. Bei ihnen besitzt jeder Mann und jede Frau die Würde eines ordentlichen – oder vielmehr: unordentlichen – Diskordianischen Papstes. Dieses Amt schließt das Recht ein, Unfehlbarkeit zu beanspruchen und die Diskordianische Kirche jederzeit zu reformieren, sie aufzulösen oder neu zu gründen. Für Gläubige wie Nicht-Gläubige gilt dabei bis auf Weiteres eines der diskordianischen Gebote: »Wer Widersprüche findet, muss sie behalten!«

Eine weitere nicht ganz klassische Religion ist die Lehre vom ›unsichtbaren, rosafarbenen Einhorn‹, die 1990 erstmals im Internet offenbart wurde. Schon vorher war sie jedoch anscheinend einige Zeit durch diverse private Diskussionsgruppen gegeistert.

Die Grundlagen für den Glauben an das ominöse Einhorn werden einem gewissen Steve Eley zugeschrieben, der als selbsternannter ›Oberster Advokat und Sprecher‹ seiner Religion formulierte: »Unsichtbare, rosafarbene Einhörner sind Wesen mit großer spiritueller Macht. Wir wissen dies, da sie fähig sind, gleichzeitig rosafarben und unsichtbar zu sein. Wie alle Religionen basiert der Glaube an das Unsichtbare rosafarbene Einhorn auf Glauben und Logik: Wir glauben, dass es rosafarben ist, aber logisch betrachtet wissen wir, dass es unsichtbar ist, da wir es nicht sehen können.«

Widersacher des ›unsichtbaren, rosafarbenen Einhorns‹ ist die schmähliche ›Lila Auster der Verdammnis‹. Sie wurde von ›Ihrer Rosaheit‹ (das Einhorn ist weiblich!) verstoßen, weil sie einst Gläubige mit der Behauptung in die spirituelle Irre geführt hatte, Peperoni-/Champignon-Pizza sei dem Einhorn wohlgefälliger als solche mit ›heiliger Ananas‹ und Schinken.

Bliebe bei dieser kurzen Vorstellung der Einhorn-Religion

nur noch ein unbestreitbarer Vorteil dieser Glaubensrichtung nachzutragen: Ihre Anhänger verfügen über die größte Anzahl an kirchlichen Feiertagen aller Religionen weltweit. Immer wenn nämlich ein anderer Gott oder eine andere Gottheit gefeiert wird, ist gleichzeitig ein Feiertag des Einhorns. Dessen Anhänger sind zu diesem Anlass gehalten, Zweifel und Zwietracht unter den jeweils Andersgläubigen zu säen: Für den Glauben an ein so paradoxes Wesen wie ein gleichermaßen unsichtbares wie rosafarbenes Einhorn spräche schließlich auch nicht weniger als für den Glauben an jedes andere übernatürliche Wesen.

Einhorn oder Eintopf: Beide beanspruchen gar nicht die Ernsthaftigkeit und Kraft ›richtiger‹ Religionen. Sie verlangen keinen echten Glauben an Unbeweisbares, sondern als sogenannte Religionsparodie oder Spaßreligion wollen sie diesen Glauben ad absurdum führen, indem sie ihn mit satirischen Mitteln überhöhen. Oft – wie bei der ›Kirche des fliegenden Spaghettimonsters‹ in Bezug auf die Kreationisten auch ganz unmissverständlich ausgedrückt – wollen ihre Gründer oder Stifter auch gegen die Intoleranz und Engstirnigkeit namentlich einiger christlicher Gruppierungen oder die mangelnde Trennung von Kirche und Staat protestieren. Zumindest die Lacher dürften sie dabei auf ihrer Seite haben.

Und durchaus nicht immer brauchen sie für ihren Spott Monster oder Fabelwesen. Manchmal kann es bei der satirischen Götterdämmerung auch ganz schön irdisch zugehen.

Dick, aber göttlich

Wer nicht genau hinschaut, kann sich schon einmal irren. Schließlich schreibt sich die ›Presbytarian Church‹, eine der großen protestantischen Kirchen in den USA, sehr ähnlich wie die ›Presleytarian Church‹. Nur, dass die erstere sich auf den mittelalterlichen Reformator Johannes Calvin beruft, die zweite dagegen auf den King of Rock 'n' Roll. Im Gedenken an ihn heißt sie deshalb mit vollem Namen auch »First Presleytarian Church of Elvis the Divine« (Erste Presleytarische Kirche des göttlichen Elvis) und ihr leider in seinem Wortwitz unübersetzbares Motto lautet »We put the FUN back into Fundamentalism«.

Gegründet wurde die Rock-Religion 1988 in den USA, am aktivsten ist die Kirche jedoch in Australien. Von dort aus hatte sich eine Elvis-Anhängerin namens Anna einst über Kontinente und Ozeane hinweg auf den Weg gemacht, um ihren Herrn nicht nur im Diesseits, sondern nach dessen Tod auch im Jenseits zu verehren. Ursprünglich Schlagzeugerin und Sängerin fungiert sie seit 1998 als erste geweihte Geistliche ihrer Kirche außerhalb der Vereinigten Staaten und genießt inzwischen selbst in der Gemeinde der überzeugten Elvis-Fans den Status eines Stars.

Doch gleichgültig, ob nun in den USA, in Australien oder in Großbritannien, wo die Kirche ebenfalls vertreten ist: Überall beklagen die Presleytarier, dass die Gesellschaft sich inzwischen von Elvis abgewandt habe, mit allen sich daraus ergebenden Konsequenzen. Seine Gläubigen sind daher aufgerufen, alles daran zu setzen, den mit der Krönung anderer Musikgrößen begangenen und nicht nur musikalischen Sündenfall zu überwinden.

Gering sind die Anforderungen, die dabei an sie gestellt werden, freilich nicht. Ungeachtet ihres momentanen Aufenthaltsortes sind sie beispielsweise verpflichtet, sich einmal pro Tag zum Ruhm und zur Ehre ihres Kings in Richtung Las Vegas zu verneigen und überdies mindestens einmal im Leben in SEIN Graceland nach Memphis zu pilgern.

Und nicht nur das: Für alle Mitglieder der Presley-Kirche gelten Speisevorschriften, gegen deren Strenge die entsprechenden Regeln etwa im Judentum oder im Islam wirken wie die empfohlene Richtgeschwindigkeit auf deutschen Autobahnen gegen das radarüberwachte Schleichen durch eine Dreißiger-Zone. Für den Fall, dass ihr heiliger Herr des Hüftschwungs auf einer Art Come-Back-Tournee aus dem Jenseits einmal bei ihnen einkehren möchte, wird zum Beispiel von ihnen verlangt, die sogenannten ›31 heiligen Dinge‹ ständig in ihrem Haus vorrätig zu halten und ihnen auch selbst gehörig zuzusprechen. Frisches Hackfleisch samt entsprechender Brötchen für Hamburger gehört zu diesen erhabenen Grundnahrungsmitteln ebenso wie saure Gurken oder Sauerkrautkonserven, jede Nacht frisch hergestellter Bananenpudding und Vanille- und Schokoladeneis. Zum Trinken ist dauernd ein Kasten Pepsi, ein Kasten Orangensprudel und drei Flaschen Milch zu Verfügung zu halten. Von verschiedenen Medikamenten und einem speziellen Abführkaugummi ganz zu schweigen.

Mögen die Anforderungen an gläubige Presleytarier also alles andere als gering sein, alles andere als gering ist auch der Lohn, der ihnen für ihre Treue zu den Grundsätzen ihres Glaubens versprochen wird. Am Ende aller Tage, so heißt es verheißungsvoll in der Charta ihrer Kirche, werden alle Menschen auferstehen: die Auserwählten zu immerwährendem

Rock 'n' Roll, die Missetäter hingegen zu ewiger Verdammnis bei den bösen falschen Pop-Idolen.

Dieter Bohlen sei also gewarnt.

Die Kirche eines weiteren Großen dieser Erde propagiert sogar eine eigene Zeitrechnung. Ginge es nach ihr, würden wir unsere Jahre nicht länger ›nach Christi Geburt‹ zählen, sondern der Wendepunkt unserer Zeitrechnung wäre erst im Jahr 1960 erreicht gewesen. In diesem Jahr wurde nämlich im argentinischen Villa Fiorito ein kleiner Junge namens Diego Armando Maradona geboren: Seither sollten zumindest eingefleischte Fußballfans hinter die dann entsprechend kleinere Jahreszahl ein ›d. D.‹ (después de Diego, zu Deutsch: nach Diego) setzen.

Weihnachten wäre für sie folglich auch nicht im Dezember, sondern sie feierten dieses Fest am 30. Oktober, dem Geburtstag ihres Idols. Ostern fällt für die Gläubigen der ›Iglesia Maradoniana‹, der ›maradonianischen Kirche‹, demgemäß auch nicht auf einen jährlich wechselnden Frühlingstermin: Ihre Osternacht begehen sie in jedem Jahr genau zum selben Termin, der Nacht vom 21. auf den 22. Juni. Zu diesem Zeitpunkt des Jahres 1986 – oder vielmehr 26 d. D. – hatte nämlich ihr Held, von dem sie nur als D10S (ein Kunstwort, gebildet aus ›Dios‹ (Gott) und Maradonas üblicher Trikotnummer 10) zu sprechen pflegen, bei der Fußballweltmeisterschaft in Mexiko zwei unter Kennern weltberühmte Tore geschossen. Er machte damit sein Land zum Weltmeister, und das auch noch gegen den ewigen Erzrivalen England.

Gegründet wurde die Iglesia Maradoniana, deren Existenz die großen – christlichen – Kirchen bislang souverän übersehen, von den beiden Argentiniern Hernán Amez und Héctor Campomarin am 30. Oktober 1998, respektive zu Weihnachten des Jahres 48 d. D. Inzwischen zählt sie nach eigenen Angaben rund 40 000 Mitglieder auf der ganzen Welt und verfügt selbstverständlich über alles, was eine richtige Kirche in den Augen ihrer Mitglieder so ausmacht: Sie hat eine Heilige Schrift (Maradonas Autobiographie), Reliquien (Maradonas Trikots, vornehmlich mit der Nummer ›10‹ auf dem Rücken) sowie natürlich auch für alle Gläubigen verbindliche 10(!) Gebote. Ihre Anforderungen sind unterschiedlich streng, sie können aber durchaus und direkt bis ins tägliche Leben der Gläubigen reichen. Im neunten Gebot heißt es beispielsweise barsch: »Nimm Diego als zweiten Namen und nenne deinen Sohn nach ihm!«

Und damit nicht genug: Mit ihrem inbrünstigen Gebet zu ihrem Fußballgott, der – obwohl im wirklichen Leben nur 1,65 Meter groß – für seine Anhänger doch stets der Größte war, der Größte ist und immer bleiben wird, vermeidet die maradonianische Kirche in einem so erzkatholischen Staat wie Argentinien nur haarscharf das in diesem Fall alles andere als nur fußballerische Aus der Lästerlichkeit: »Diego Unser, der du bist auf den Fußballplätzen. Geheiligt werde dein Linksschuss, Dein Fußballspiel komme, Deine spielerische Qualität geschehe im Himmel wie auch auf Erden. Unsere täglichen Tore gib uns heute, und vergib uns unsere Fouls, wie auch wir vergeben der neapolitanischen Mafia, und führe uns nicht in Versuchung den Ball zu beflecken, sondern erlöse uns von Havelange.«

Elvis Presley ein Gott. Diego Maradona ebenfalls. Und wahrscheinlich wird demnächst auch Michael Jackson in den Olymp einziehen, – falls ihm irgendwo auf der Welt nicht schon längst in den Gefilden der Unsterblichkeit eine bequeme Wohnung bereitet wurde. Es gibt wohl kaum jemanden auf Erden, den menschliche Phantasie oder Spottlust nicht auf einen himmlischen Thron befördern könnte.

Bestenfalls die großen Weltreligionen scheinen gegen derart kuriose Kapriolen gefeit zu sein. Ihre Vorstellungen davon, wer im Jenseits regieren könnte, sind durch Jahrhunderte oder gar Jahrtausende theologischer Grübeleien abgesichert oder doch zumindest gefiltert. Nicht nur Christen lassen niemanden so leicht durch das Himmelstor, – das verhüte Petrus!

Aber halt: Natürlich ist der christliche Gott in keiner Beziehung und nicht im Mindesten vergleichbar mit den Göttern und Abgöttern der unterschiedlichsten Kulte und Kulturen. Trotzdem: Gibt es da nicht gerade im christlichen Jenseits diese spirituelle Oberschicht, die man nicht anbetet, aber doch verehrt. Die nicht alles kann, aber doch vieles vermag. Die nicht vollkommen ist, aber doch zumindest vorbildlich.

Was treiben eigentlich die vielen Heiligen im Himmel, dieses göttliche Beratergremium mit der Lizenz zum Helfen? Schauen wir doch einmal etwas genauer hin.

Komische Heilige

Eine Parade der himmlischen Sonderlinge

Himmel à la Hollywood

Es gab Zeiten, da wäre man für einen derartigen Vergleich umgehend auf dem Scheiterhaufen gelandet. Oder wenigstens für einige unangenehme Tage, Wochen oder Monate in einem zugigen Folterkeller der Inquisition. Dabei ist die Überlegung doch eigentlich ganz naheliegend: Soll nämlich die Rolle der Heiligen in der himmlischen Hierarchie halbwegs einfach erklärt werden, liegen Ähnlichkeiten mit dem überaus irdischen Ensemble bestimmter Kriminalfilme geradezu auf der Hand.

Kinogänger wissen sofort, was gemeint ist: In diesen Streifen aus dem Umfeld blutig roter italo-amerikanischer Folklore stehen sich Gut und Böse meist so unversöhnlich gegenüber, als stammte das Drehbuch direkt aus der Feder eines im Mittelalter verhakten Exorzisten.

Die Grundkonstellation ist immer dieselbe: Auf der einen Seite eines kleinen Universums drängt sich die Schar der Guten. Sie sind zwar zahlreich, aber verglichen mit den Bösen in der anderen Ecke des Spielfelds wirken sie so hilflos wie eine Schafherde angesichts eines Wolfsrudels. Da ist etwa

Giovanni, der beste Pizzabäcker der Stadt, den korrupte *Cops* mit immer maßloseren Schutzgeldforderungen in den Ruin zu treiben drohen. Neben ihm könnte Lucio stehen, seit Jahren sein zentraler Gemüselieferant: Er wird von einer Gang aus *Chinatown* zur Übernahme ganzer Wagenladungen von halb vergammelten Shitake-Pilzen gedrängt. Sie sind schon so weit jenseits ihres Verfallsdatums, dass sie allenfalls noch dazu dienen könnten, die Ökobilanz der städtischen Mülldeponie zu verbessern.

Über allem thront in einsamer Höhe – und deshalb von unten kaum sichtbar – ein scheinbar allmächtiger, aber für die Normalsterblichen eben leider auch kaum erreichbarer Mann, den wir uns getrost im nadelgestreiften Maßanzug und mit einem Clark-Gable-Bärtchen vorstellen dürfen. Die Italiener nennen diese elegante Gestalt *il padrino* (der Pate), die Amerikaner bezeichnen ihn als *godfather*. Das bedeutet zwar ebenfalls nichts anderes als Pate, doch in seiner Doppeldeutigkeit regt es ohne Zweifel die Phantasie besser an und deutet überdies ganz dezent bereits auf den hin, um den es in allen Kapiteln hier letztlich geht.

Doch kommen wir zunächst noch einmal zu unserer kleinen Kriminalstory zurück.

Der einsam über sämtlichen Taten und Untaten der Normalos schwebende Pate könnte nämlich die Probleme seiner leidenden Landsleute mit einem einfachen Schnippen seiner frisch manikürten Finger lösen, – wenn er denn nur von diesen Schwierigkeiten wüsste. Aber leider sind ihm in seinen abgehobenen Sphären Alltagsnöte offensichtlich so fern wie einem durchschnittlichen Mitglied einer durchschnittlichen Regierung die Preise für Milch, Brot und Butter.

Die Bühne betreten nach den Krisen und Katastrophen des ersten Aktes deshalb jetzt die Mittelsmänner. Sie sind den kleinen Leuten des Viertels eng verbunden, sie sprechen ihre Sprache. Wahrscheinlich stammen sie ebenfalls aus Sizilien, vielleicht waren ihre Väter und die Väter von Giovanni und Lucio sogar Brüder oder sie selbst haben mit beiden schon vor Jahrzehnten zusammen im Sandkasten gespielt.

Doch diese Verbundenheit nach unten beschreibt nur ihre eine Seite. Auf der anderen sind sie auch mit dem Paten gut bekannt, manchmal sogar regelrecht befreundet. Eventuell stammen sie alle zusammen aus demselben kleinen Dorf, das sich oberhalb von Palermo an einen Berghang schmiegt. Oder sie sind als *Capo* in einem der immer etwas undurchsichtigen Unternehmungen des Paten tätig, vielleicht sind sie irgendwann auch einmal gemeinsam mit ihm durch das Maschinengewehrfeuer eines feindlichen Clans gegangen.

Jedenfalls haben sie und der Pate ein Stück gemeinsamer Geschichte vorzuweisen, das ihnen einen direkten Zugang zum heimlichen König ihrer Welt eingebracht hat. Diese Verbundenheit macht es einem Giovanni oder Lucio möglich, den zwischen Brooklyn und der Bronx unbestrittenen Herrscher über Tod und Leben dazu zu bewegen, sie, die scheinbar von Gott vergessenen und damit ohnmächtigen Guten, durch einen winzigkleinen Akt seiner Gnade wieder auf die *sunny side of the street* zu geleiten.

Natürlich. Der Einwand ist berechtigt, und er muss an dieser Stelle kommen: Man kann den guten und gütigen Gott aller Christen doch keinesfalls mit einer so zwielichtigen und dämonischen Gestalt wie einem Mafia-Despoten vergleichen. Gott bewahre!

Und dennoch: Einige überraschende Ähnlichkeiten sind

nicht zu übersehen. Sowohl beim himmlischen Vater als auch beim irdischen Paten stehen nämlich die vielen Ohnmächtigen, die dringend Hilfe brauchen, dem einen und einzigen Mächtigen gegenüber, der sie ihnen gewähren könnte. Nur leider sind ihre Möglichkeiten beschränkt, mit ihm in Verbindung zu treten.

An dieser Stelle kommen deshalb in der profanen Story – wie in der Heiligen Schrift – jetzt die Vermittler oder Mittelsmänner ins Spiel. Sie gehören nicht mehr zu den Normalsterblichen aus der Pizzeria und vom Gemüsemarkt, auf der anderen Seite lässt sich aber auch der Abstand zu ihrem Herrn und Meister nie ganz überbrücken. Damit sitzen sie vielleicht zwar nicht zwischen den Stühlen, auf jeden Fall stehen sie aber zwischen Oben und Unten.

Für gläubige Kirchgänger vornehmlich katholischer Provenienz ist die Sache klar: Nach der Lehre ihrer Konfession handelt es sich – wir verlassen genau in diesem Moment abrupt Hollywood und den Gangsterfilm – bei den Vermittlern zwischen Oben und Unten um die sogenannten *Heiligen*. Unter diesem Begriff versteht man außergewöhnliche Menschen, die ihrem Gott durch spirituelle Versenkung, durch sorgfältiges Studium der Bibel oder auch schlicht durch ihr Engagement für die Schwächsten der Gesellschaft so nahe gekommen sind, dass sie sogar Wunder zu wirken vermögen. Sie sind es folglich auch, die besondere göttliche Hilfe für menschliche Probleme und Notlagen aller Art organisieren können.

Eigentlich haben die Heiligen damit eine religiöse Bilderbuchkarriere absolviert, an der allenfalls stören könnte, dass man nach kirchlicher Doktrin erst gestorben sein muss, bevor man nach einer aufwändigen und zum Teil mehrere hunderttausend Euro teuren Prüfung durch Theologen und andere Wissenschaftler vom Papst schließlich heilig- oder auch nur seliggesprochen werden kann. So manchen sich als christlichen verstehenden Politiker dürfte es in diesem Zusammenhang über die Maßen wurmen, dass der Vatikan hier partout keine Ausnahmen von der Regel zulassen will.

Für Geld nicht. Und für den wohlfeilen Nulltarif guter Worte schon gleich gar nicht.

Doch auch über die Bedingung des irdischen Ablebens hinaus sind die Anforderungen für einen Fensterplatz im Himmel mehr als hoch. Um so erstaunlicher muss es wirken, dass die Zahl derer, die sie erfüllen, nicht gerade gering ist. Das *Martyrologium Romanum*, offizielles vatikanisches Verzeichnis der namentlich bekannten Seligen und Heiligen, umfasst – nach Tagen geordnet – inzwischen rund 7000 Namen, vom heiligen Almachius am 1. Januar bis zur heiligen Colomba am 31. Dezember. Dies ist außerdem natürlich der Gedenktag des heiligen Silvester, eines Papstes aus dem vierten Jahrhundert, der nicht nur dadurch von sich reden machte, dass er im Disput mit zwölf jüdischen Rabbinern einen gerade verendeten Stier wieder zum Leben erweckte, sondern der sich wie viele seiner Kollegen zusätzlich auch noch mit dem Bezwingen blutrünstiger Ungeheuer abgab: Nach der Legende tötete er einen Drachen, der allein mit dem giftigen Hauch seines Atems täglich dreihundert Menschen umbrachte.

Alles in allem gibt die Vielzahl der mit kirchlichem Gütesiegel versehenen Seligen und Heiligen jedenfalls Anlass zu der optimistischen Vermutung, dass es angesichts dieser Menge an Vorbildern so gänzlich und abgrundtief schlecht um das Menschengeschlecht dann wohl doch nicht bestellt sein kann.

Auf evangelischer Seite schaut man indes mit großer Skepsis auf das Gewimmel im Himmel. Seit Luther wissen ordentliche Protestanten, dass es für ihren Glauben ausschließlich auf das Wort der Bibel ankommt. Und das kann schließlich jeder selbst nachlesen und für sich auslegen.

Nach protestantischer Auffassung lässt sich Gott weder kaufen – die mittelalterlichen Ablassgeschäfte mancher Katholiken sind nicht nur auf evangelischer Seite in lebhaft schlechter Erinnerung geblieben – noch lässt er sich überhaupt durch menschliche Anstrengungen beeinflussen. Wenn er die Menschen liebt, ist das seine höchsteigene Entscheidung und nicht das Ergebnis besonderer Anbiederungen, auch wenn die in der Form sogenannter ›guter Werke‹ den Mitmenschen auf Erden durchaus von Nutzen sein können.

Evangelische Christen meinen, dass es für sie keinerlei Helfer bedürfe, um Zugang zu ihrem himmlischen Herrn zu erlangen. Ganz demokratisch stehe dieser Zugang allen Gläubigen offen, einer gesonderten Vermittlung durch Heilige oder Selige bedürfe es nicht, um vor Gott Gehör zu finden.

Welches die richtige Vorstellung vom Alltag im Himmel ist, ob nach dem Passieren der Himmelstür vor dem göttlichen Thron wirklich alle gleich sind oder nicht doch einige vielleicht eine Idee gleicher als gleich, das lässt sich von irdischer Warte aus nicht sagen. Noch nicht einmal von Theologen. Vor der Frage, ob der religiöse Feudalismus der Katholiken, bei dem eine kleine Oberschicht von Heiligen durch ein breites Fußvolk von Gutmenschen ohne größere moralische Verfehlungen ergänzt wird oder ob auf gut evangelisch das Bürgerrecht im himmlischen Jerusalem keine Unterschiede kennt, sind zumindest hier auf der Erde alle Gläubigen gleich.

Gleich ratlos. Beide Sichtweisen haben ihre Reize, beide aber auch ihre Vor- und ihre Nachteile.

Und einmal ganz nüchtern betrachtet: Wie viele eingefleischte Protestanten mögen so ganz klammheimlich trotz allem davon ausgehen, dass einem Dr. Martinus Luther im Jenseits doch eine etwas großzügigere Wohnung zugewiesen wurde als einem bloßen Karteichristen, dessen Kirchenbesuche sich nach der Konfirmation weitgehend auf die alljährlichen Vesperandachten zu Weihnachten beschränkten? Seien wir ehrlich: Irgendwie gehen wir ja auch bei uns selbst davon aus, dass es unsere himmlische Bilanz aufwertet, wenn wir dem Bettler in der Fußgängerzone mit freundlichem Lächeln einen Euro in den Hut werfen. Oder dass es uns einem Fensterplatz auf Wolke 7 zumindest näher bringt, wenn wir einem halbblinden Mütterlein über die Stadtautobahn helfen, obwohl wir auf der anderen Seite eigentlich gar nichts verloren haben.

Und so gesehen, haben in dem berühmten himmlischen Haus mit den vielen Wohnungen, von dem Jesus spricht (Johannes 14, 2), dann vielleicht ja auch so unbestrittene Ausnahmechristen wie Ulrich Zwingli oder Johannes Calvin, Dietrich Bonhoeffer oder Martin Niemöller Aussicht auf ein Luxusappartement oder gar das Penthouse.

Göttliche Geschäftsverteilung

Wenn wir uns von der damit erreichten Zwischenstation unserer Erklärungen aus nun aufmachen und unauffällig durch die engen Reihen der Heiligen streifen, dürfte es nach dieser Vorrede nicht sonderlich überraschen, dass es im kirchlich hervorgerufenen Andrang vor dem Angesicht des Herrn für so gut wie alle menschlichen Übel, Gebrechen und Gebresten einen besonderen Ansprechpartner oder eine für die Fragen von Heil und Heilung besonders qualifizierte Ansprechpartnerin gibt.

Es könnte Petrus gewesen sein, der himmlische Hauswart und Hüter des Himmelsschlüssels, der im Hofstaat des Herrn irgendwann einmal für Ordnung sorgte. Er könnte in ein paar besonders ruhigen Minuten der Ewigkeit eine Art Geschäftsverteilungsplan entworfen haben, nach dem zur Vermeidung eines ganz großen Chaos jeder Heilige nur noch ganz bestimmte Anliegen der Menschen als Fürsprecher zu bearbeiten hatte. Was ihm schon auf Erden nahe lag, was ihn im Diesseits beschäftigte oder auch womit ihn seine Feinde in seinem Martyrium besonders gequält hatten, das sollte ihn nun auch im Jenseits beschäftigen. Der Grundsatz ›Alle machen alles‹ war damit ad acta gelegt. Für immer und ewig.

Natürlich ist es wahrscheinlich nicht so gewesen. Im wirklichen Leben ist es ganz prosaisch entweder der Vatikan, der den Heiligen ihre Zuständigkeit zuweist, oder die Gläubigen selbst sorgen dafür, dass die herausragendsten Eigenschaften ihres liebsten Kirchenmannes mit einer entsprechenden Beförderung gewürdigt werden. Er ist dann gewissermaßen für eine Kirche, einen Ort, eine Region oder ein ganzes Land zuständig. Es kann aber auch sein, dass er zur Unterstützung einer speziellen Personengruppe angerufen wird, als Beistand in speziellen Lebenslagen, in besonderen Problemfällen oder bei allen Krankheiten, die schwerer sind als eine leichte Erkältung.

Da ist beispielsweise der heilige Blasius, der zu Beginn des vierten Jahrhunderts im damals römischen und heute türkischen Sebaste zunächst als Arzt und später als Bischof wirkte. Er gilt als Helfer gegen Husten, Hals- und Zahnschmerzen. In katholischen Kirchen wird deshalb an seinem passenderweise in die kalte Jahreszeit fallenden Gedenktag, dem 3. Februar, über zwei gekreuzten brennenden Kerzen der Blasiussegen gespendet.

Dass ausgerechnet Blasius die Aufgabe übertragen wurde, bei Erkrankungen der Atemwege tätig zu werden, mag für sensible Gemüter ein wenig makaber erscheinen, denn der ehrwürdige Nothelfer verlor als Märtyrer selbst ganz real seinen Kopf. Er wurde um 316 nach langen Quälereien seines unverbrüchlichen Glaubens wegen enthauptet.

Vorher soll er sich allerdings noch bei den Jägern der Gegend unbeliebt gemacht haben. Um der Christenverfolgung zu entgehen, hatte er sich in einer Höhle versteckt, wo ihn Löwen, Bären und andere wilde Tiere bewachten und Vögel ihn mit Nahrung versorgten. Zum Dank segnete er die Tiere, die gemeinsam mit ihm in seiner Höhle hausten, zusätzlich heilte er ihre vielfältigen kleinen und großen Verletzungen oder befreite sie aus Fallen.

Die Waidmänner brachte diese Fürsorglichkeit nur zu oft um ihre Beute, weshalb sie der Idylle in der Wildnis ein Ende zu machen trachteten. Und so spricht einiges dafür, dass es einer der ihren war, der Blasius in seinem Versteck an die Römer verriet, die ihn dann gefangen nahmen, folterten und schließlich hinrichteten.

Aber zurück zu den himmlischen Heilern menschlicher Krankheiten: Nachdem wir eben den heiligen Blasius kennen gelernt haben, der gewissermaßen für die obersten Regionen des Körpers zuständig ist, widmen wir uns nun den untersten Körperteilen. Dort ist der heilige Quirinius, ebenfalls ein

Opfer früher Christenverfolgung, für das komplette Sortiment an Fuß- und Beinleiden zuständig.

Quirinius war römischer Tribun und arbeitete als Gefängniswärter eingekerkerter Christen, bevor er selbst durch sie bekehrt wurde und zu dem noch relativ neuen Glauben aus Kleinasien konvertierte. Ungefähr um das Jahr 115 wurde er deshalb durch Enthauptung hingerichtet.

Mochte der Märtyrer sich damit seinen Platz im Himmel sofort gesichert haben, eine herausragende irdische Karriere machte er erst lange nach seinem Tod. Jahrhunderte vergingen, bis im Mittelalter zur Aufbewahrung seiner sterblichen Überreste im rheinischen Neuss eigens eine überaus prächtige Kirche gebaut wurde. Hier waren nämlich die Reliquien gelandet, nachdem Papst Leo IX. sie seiner Schwester geschenkt hatte, die dort Äbtissin war.

Für die Bürger von Neuss sollte es sich schnell auszahlen, viel Geld in den Kirchenbau gesteckt zu haben. Das so aufwändig gepflegte Gedenken an den Heiligen bescherte ihnen nicht nur einen stetigen Strom von Pilgern, Quirinius selbst revanchierte sich bei ihnen anscheinend auch dadurch, dass er die Stadt im 15. Jahrhundert vor der Einnahme durch den burgundischen Herzog Karl den Kühnen bewahrte. Im himmlisch-irdischen Geben und Nehmen brachte ihm diese militärische Intervention andererseits auch selbst wieder einen Karrieresprung ein: Seither wird er als einer der ›vier heiligen Marschälle‹ verehrt, die als eine Art ewiger Sicherheitsrat eine zentrale Stelle im Himmel einnehmen dürften.

Trotz seiner Verdienste brachte es Quirinius aber nur zu eher regionaler Berühmtheit. Weiter vorn in der Zuwendung der Gläubigen – und vielleicht auch näher am göttlichen

Thron – stehen gewissermaßen die *global player* der Heiligkeit.

Als besonders populär unter den himmlischen Heroen kann neben so zweifelhaften Gestalten wie dem Autofahrerpatron St. Christophorus, dessen historische Existenz eher legendär als erwiesen ist, beispielsweise der heilige Antonius von Padua gelten, an dessen tatsächlicher Existenz auch für Skeptiker keine ernsthaften Zweifel bestehen dürften. Der um 1195 in Lissabon geborene Sohn einer begüterten Adelsfamilie wird allgemein geschätzt, weil ihn Gläubige in aller Welt anrufen können, wenn es ihnen darum geht, verlorene Gegenstände wiederzufinden.

Doch das ist längst nicht alles. Neben dieser zwar hilfreichen, aber leider auch etwas banalen Hauptaufgabe bezieht der heilige Antonius seine Beliebtheit vor allem daraus, dass er als der freundliche Patron der Liebenden und der Ehe gilt. Zu ihm machen sich selbst aus dem angrenzenden Ausland immer noch ganze Busladungen voller Single-Wallfahrer auf den Weg, um von ihm einen passend frommen Partner oder eine ebensolche Partnerin vermittelt zu bekommen.

Gleichzeitig ist der Mönch, der als ›Hammer der Ketzer‹ im frühen dreizehnten Jahrhundert gar nicht nachsichtig gegen die abtrünnigen Waldenser und Albigenser wetterte und später als Bußprediger durch Norditalien zog, in einer merkwürdigen Verbindung der Zuständigkeiten aber auch für das Wohlergehen der Pferde, Esel, Schweinehirten, Bäcker und Bergleute zuständig. Dargestellt wird der offenbar multitaskingfähige Heilige zudem ebenfalls gern in Verbindung mit Fischen: Als er einmal in der Umgebung von Rimini predigte, wollten die Menschen dort seine Mahnungen zur Umkehr nicht hören. Wahrscheinlich waren sie schon damals eher an der Förderung des Fremdenverkehrs als an derjenigen ihres Seelenheils interessiert. Die anscheinend vernünftigeren Fische kamen hingegen in Schwärmen zusammen, streckten ihre Köpfe aus dem Wasser und lauschten begierig seinen Worten.

Ähnlich spirituelle Verbindungen zum Tierreich knüpfte ungefähr zur selben Zeit auch der heilige Franz – oder Franziskus – von Assisi. Wie Antonius stammte auch er aus einer wohlhabenden Familie. Sein Vater Pietro Bernadone war ein erfolgreicher Tuchhändler im italienischen Assisi, während seine Mutter Pica manchen als Französin gilt. Das könnte den Namen erklären, unter dem ihr Sohn bekannt wurde: Eigentlich auf den Namen ›Giovanni‹ (Johannes) getauft, nannte man ihn bald nur noch ›Francesco‹ (der kleine Franzose).

Doch gleichgültig, ob nun als Giovanni oder als Francesco: Der Junge führte in jedem Fall zunächst das sorglose Dasein eines Lebemannes, für den Geld keine Rolle spielte. Entsprechend unbescheiden war auch sein Berufswunsch: Der Dandy wollte Ritter werden!

Die raue Wirklichkeit eines Krieges zwischen seiner Heimatstadt Assisi und dem benachbarten Perugia raubte ihm allerdings bald alle Illusionen: Die Kämpfe machten ihn nicht zum gefeierten Helden in glänzender Rüstung sondern zum vernachlässigten Gefangenen in den Verliesen Perugias. Als dann auch noch eine schwere Krankheit seine Leiden vervollständigte, wurde aus dem Draufgänger plötzlich ein Grübler. Gott persönlich erschien ihm im Traum und das gab schließlich den Ausschlag: Francesco bekehrte sich zu einem entschiedenen Christentum und beendete sein verwöhntes Lotterleben.

Völlig verwandelt nutzte er heimlich Einnahmen aus dem Geschäft seines Vaters, um in der Nähe Assisis eine halb verfallene kleine Kapelle zu restaurieren. Bernadone senior schätzte diese gottgefällige Zweckentfremdung seines Reichtums indes überhaupt nicht. Er stellte seinen Sohn lauthals zur Rede und verlangte sein Geld zurück. Das konnte nicht ohne Folgen bleiben: Franziskus, selbst als frommer Mann offensichtlich immer noch ein Heißsporn, zog sich in aller Öffentlichkeit vollständig aus, warf seinem Vater seine Kleider – und damit symbolisch auch sein Erbe – demonstrativ vor die Füße und rannte nackt aus der Stadt. Eine Inszenierung mit überaus nachhaltiger Wirkung!

Hatte er früher das sorglose Leben moderner Playboys vorweggenommen, entwickelte er sich nun zum Prototypen eines bedürfnislosen Hippies. Als Bettler zog er fortan durch das Land, predigte spirituelle Umkehr, half den Armen und noch Ärmeren und pflegte die Kranken und Siechen. Seine Liebe dehnte er auch auf die gesamte Natur und vor allem die Tierwelt aus: Allein mit der Macht seiner Worte zähmte er beispielsweise einen Wolf, der bereits mehrere Menschen getötet hatte. Legendär ist zudem seine Predigt für die Vögel, bei der er sie – wie andere Tiere zuvor auch schon – als seine Brüder und Schwestern bezeichnete.

Vor diesem Hintergrund ist es nicht verwunderlich, dass der heilige Franziskus auch in himmlischen Gefilden für die Ökologie zuständig ist – auf sein Wirken geht schließlich der Bettelorden der Franziskaner zurück, der sich nicht zuletzt der persönlichen Besitzlosigkeit verschrieben hat. Nachdem der bescheidene Mann, der Zeit seines Lebens aus Demut stets die Priesterweihe abgelehnt hatte, bereits seit 1939 als Schutzheiliger Italiens wirkt, wurde er 1980 von Papst Johannes

Paul II. außerdem zum Patron der Naturschützer und Ökologen bestellt.

Und damit nicht genug: Dass er neben der ehrenvollen – und angesichts der illegalen Mülldeponien seines Heimatlandes – sicher auch sehr sinnvollen Aufgabe als Öko-Apostel quasi im Nebenberuf auch noch für das Wohl der Tierärzte zuständig ist, mag unmittelbar einleuchten. Schwieriger dürfte jedoch die Begründung für seine weiteren Nebentätigkeiten fallen: Der heilige Franziskus ist im Weiteren – die Aufzählung ist nicht vollzählig – ebenfalls der Schutzpatron der Flachs- und Tapetenhändler, der Schneider, Weber, blinden Strafgefangenen und Schiffbrüchigen. Auch wer unter Kopfschmerzen oder gar der Pest leidet, ist bei ihm an der richtigen Adresse.

Dem heiligen Franziskus zeit seines irdischen Lebens sehr verbunden war die heilige Klara – oder Clara – von Assisi. Auch sie war ein Kind aus gutem Hause, auch sie machte ihren Eltern, zunächst, wenig Freude. Waren die für sie schon früh auf der Suche nach einem standesgemäßen Gemahl, gab der Teenie lieber das religiös verzückte Groupie: Sie pfiff auf den Wohlstand ihrer adligen Eltern und schloss sich stattdessen einem herumreisenden Hippie an. Sein Name war – Sie werden es vermutet haben – Franziskus.

Mit achtzehn Jahren floh Klara aus ihrem Elternhaus zu ihm und seinen Gefährten in die Wildnis, um wie er nach dem Ideal der Armut zu leben. Franziskus mag sich dadurch geschmeichelt gefühlt haben, er reagierte jedoch völlig anders als seine späten Nachfahren im immerhin nach ihm benannten San Francisco der vom betäubenden Blütenduft der *Flower Power* durchwehten siebziger Jahre: Er nahm seine schwärmerische Anhängerin zwar auf, schor ihr dann aber symbolisch den Kopf und steckte sie in ein Büßergewand. Ein Zusammenleben unter einem Dach war für beide absolut undenkbar. Keusch hatten Mönche und Nonnen streng getrennt zu leben, von dieser Regel gab es keine Ausnahmen.

Franziskus, trotz seiner religiösen Konsequenz irgendwo auch immer noch Pragmatiker, fand indes eine Lösung: Er gründete für Klara, ihre Schwester Agnes, die sich zum Zorn ihrer Eltern ebenfalls von ihrer Familie losgesagt hatte, sowie für weitere Abtrünnige der wohlanständigen Gesellschaft kurzerhand einen eigenen Schwesternorden: Er breitete sich schnell aus und sollte später als die ›Klarissen‹ bekannt werden.

Die heilige Klara selbst konnte den strengen Anforderungen des Ordenslebens, das bald auch noch eine weitere Schwester und sogar ihre Mutter mit ihr teilten, nicht lange standhalten. Ebenso zart von Gestalt wie sensibel von ihrem Wesen wurde sie bald so krank, dass sie ihr Bett nicht mehr verlassen konnte. Dennoch wirkte sie noch rund drei Jahrzehnte weiter als Äbtissin, bevor sie im Jahr 1253 als eine Frau starb, der schon zu Lebzeiten viele Wunder nachgesagt wurden.

Wunderbar ging es auch nach ihrem Tod weiter. Galt ihr Körper während ihres Lebens als schwach und gebrechlich, erwies er sich nach ihrem Tod als nahezu unzerstörbar: Ihr Leichnam soll bis heute unverwest sein. In der ihr geweihten Kirche Santa Chiara in Assisi liegt er sichtbar aufgebahrt und wird von Gläubigen aus aller Welt verehrt.

Wie die wunderbare Bewahrung ihres Körpers vor der Vergänglichkeit schon vermuten lässt, war auch für die heilige Klara mit ihrem Tod keinesfalls ein Endpunkt gesetzt. Statt der ewigen Ruhe des Normal-Sterblichen fand sich für sie die ewige Dienstbereitschaft aller Heiligen. Aufgaben erwarteten und erwarten Klara unter anderem als Patronin der Wäscherinnen und Stickerinnen, der Glaser, Glasmaler und Vergolder. Sie gilt außerdem als Schutzpatronin der Blinden und – am Medienverständnis der katholischen Kirche müsste der Vatikan vielleicht noch etwas arbeiten – des Fernsehens.

Für die wunderbare neue Welt des *Worldwide Web* ist Klara allerdings nicht zuständig: Diese Aufgabe hat der Vatikan exklusiv dem heiligen Isidor von Sevilla übertragen. Dieser überaus gebildete Theologe schuf im Spanien des sechsten Jahrhunderts ein Lexikon in zwanzig Bänden, in dem er das gesamte Wissen seiner Zeit vereint sehen wollte. Selbst seine Nachfolger im virtuellen Netz, die für einen solchen Versuch mit zwanzig herkömmlichen Büchern noch nicht einmal ein müdes Lächeln übrig hätten, sind an dieser Aufgabe bisher gescheitert. Vielleicht zum Glück.

Doch gleichgültig, ob nun Universalgelehrter oder Öko-Apostel, überirdischer Schlüsseldienst oder himmlischer Helfer gegen Husten und Heiserkeit: Die Welt der Heiligen und Seligen ist erstaunlich bunt und ihre Aufgaben sind vielfältig. Ein respektlos neugieriger Blick enthüllt dabei so manche Merkwürdigkeit.

Von Ratten, Bären und anderen Tieren

Jawohl, auch wenn man es angesichts beengter Käfighaltung und quälender Tiertransporte durch halb oder gar ganz Europa kaum glauben mag: Selbst Tiere haben Schutzheilige!

Dass der heilige Gallus, nach dem das schweizerische St. Gallen benannt ist, unter anderem der Schutzheilige der Hühner und Hähne ist, erscheint ja noch irgendwie einleuchtend: ›Gallus‹ heißt schließlich auf lateinisch ›der Hahn‹. Das alte Gallien hat allerdings weder mit dem einen noch dem anderen zu tun. Es bezog seinen römischen Namen ›Gallia‹ von der lateinischen Bezeichnung für die dort wohnenden Kelten: Die Besatzer aus dem Süden nannten sie ›Galli‹.

Doch der heilige Gallus steht ja keineswegs allein. Viele Tiere haben ihre speziellen Patrone, und nicht immer kümmern sie sich nur um die Wesen, denen wir Menschen mit spontaner Sympathie begegnen. Mag man noch ohne Weiteres einsehen, dass es Schutzheilige für Haustiere im Allgemeinen gibt (vorrangig ist hier der Mönch Antonius der Große zu nennen, der ansonsten eher dafür bekannt ist, dass er den unterschiedlichsten Versuchungen des Teufels widerstehen konnte), dass das liebe Vieh nicht ungeschützt bleiben kann (hier ist gleich eine ganze Reihe von Heiligen tätig), dass Hunde (Rupert von Salzburg) und sogar Bienen betreut werden (diese in jeder Hinsicht sensible Aufgabe teilen sich Ambrosius von Mailand und Bernhard von Clairvaux), aber eine Patronin für Ratten und Mäuse? Und doch gibt es sie; samt einer ganzen Schar dieser Tiere schmückt ihr Standbild im Berliner Bezirk Mitte sogar eine nach ihr benannte Brücke.

Zuständig für das Wohl der auf Erden nicht immer gern gesehenen Nager ist im Himmel die heilige Gertrud oder Gertraud, die im siebten Jahrhundert als Äbtissin im belgischen Nivelles wirkte. Nach den kirchlichen Unterlagen war sie eine äußerst gütige und wohltätige Frau. Sie kümmerte sich aufopferungsvoll um Kranke, Witwen und Waisen und qualifizierte sich damit gewissermaßen für ihren posthumen Hauptberuf: Gertrud von Nivelles ist in der katholischen Kirche die besondere Patronin der Krankenhäuser.

Soweit ihre gewissermaßen offizielle Personalakte. Die volkstümliche Heiligenlegende weiß über die gottgefällige Gertrud allerdings noch ein bisschen mehr. Nach diesen Überlieferungen war sie eine so emsige Spinnerin, dass ihr Fleiß dem offensichtlich unterbeschäftigten Teufel keine Ruhe ließ. Besonders ihre Liebenswürdigkeit und ihr ausgeglichenes Wesen provozierten ihn bis zur höllischen Weißglut, und so setzte er alles daran, sie in Rage zu bringen und wenigstens einmal die Geduld verlieren zu lassen. Selbst den beiläufigsten Fluch hätte er vermutlich schon als Sieg gewertet.

Sein Plan war allerdings nicht gerade von der satanischen Raffinesse, die man den Machenschaften eines Mephisto kaum absprechen kann. Er wartete einfach, bis Gertrud von Nivelles wieder einmal am Spinnen war, um sich dann in eine Maus zu verwandeln. In dieser Gestalt kletterte er den Spinnrocken hinauf und biss der noch nicht offiziell Heiligen den Faden ab.

Wie er sich hätte denken können, blieb der Erfolg allerdings aus. Deshalb war er gezwungen, diverse Male am Textilen zu nagen.

Doch auch seine Ausdauer änderte nichts daran, dass die ganze Aktion ein Fehlschlag blieb. Bei der geduldigen Gertrud verfing sein Trick nicht: Statt in Wut zu geraten, blieb die Äbtissin so sanftmütig wie immer. Geduldig setzte sie auf Gebet statt Gewalt und vertrieb so schließlich mit gottgefälligem Gemurmel die satanische Maus.

Diese mit Bravour bestandene Geduldsprobe begründete nicht nur Gertruds Zuständigkeit für Nagetiere, frommen Volkskundlern bietet sie auch die Erklärung für eine weit verbreitete Redensart. Nach ihr ist an einer Tatsache nicht mehr zu rütteln, wenn die Maus daran keinen Faden mehr abbeißt.

Ohne Zweifel eine schöne Deutung. Weniger spirituell ausgerichtete Wissenschaftler bieten für diese Sentenz allerdings auch eine andere – weit prosaischere – Auslegung an. Sie ist eher techno- als theologisch und führt die Redensart schlicht darauf zurück, dass bei alten Mausefallen die Maus einen Faden durchbeißen musste, um an den Köder zu kommen.

Einmal abgesehen von den keineswegs immer als possierlich empfundenen Nagern, deren Freundeskreis sich auch in himmlischen Gefilden eher in engen Grenzen halten dürfte, scheint unter Heiligen vor allem eine Familie von Säugetieren besonders beliebt zu sein, die auf Erden bereits in frühester vorchristlicher Zeit als mythologisches Wesen eine große Rolle spielte. Es geht um die Bären.

Diese gewaltigen Tiere mit dem manchmal durchaus menschlichen Habitus tapsen durch erstaunlich viele Heiligenlegenden. Im Grunde haben die Geschichten dabei meist ein Grundmuster gemeinsam: Die Männer und Frauen des Herrn werden zunächst von den riesigen Räubern bedroht oder angegriffen, bevor es ihnen mithilfe ihres unerschütterlichen Gottvertrauens gelingt, den Angriff abzuwehren und die Tiere oft sogar in ihren Dienst zu nehmen. Symbolisch erringen sie damit gleichzeitig den Sieg über die heidnischen Mythen und Kulte, die sie als Missionare herausfordern und auf die Probe stellen.

So weit, so einfach – und auch so eindeutig. Variantenreicher wird es erst, wenn wir uns die einzelnen Geschichten genauer ansehen. Bei dieser Inspektion stoßen wir dann beispielsweise sehr schnell wieder auf den uns bereits bekannten St. Gallus, der sich anscheinend nicht nur mit Hühnern und ihren Hähnen abgab, sondern sich auch als Bärenbändiger einen Namen machte.

Gallus, ein Mann der Tat und durchaus dafür bekannt, auch schon einmal heidnische Götzenbilder im Bodensee zu versenken, war gerade dabei, sich in der Gegend um das Schwäbische Meer eine neue Einsiedelei einzurichten. Nach einem langen Fußmarsch mit einem Gefährten, über dessen Namen sich die Quellen nicht ganz einig sind, waren die zwei erschöpft in tiefen Schlaf versunken. Während der Nacht kam ein Bär, der sich hungrig über die Reste des Nachtmahls der beiden hermachte.

Gallus erwachte von den Geräuschen, aber statt furchtsam zu fliehen, befahl er dem Raubtier, Holz für das Feuer und Baumaterial für seine Klause herbeizuholen. Sein Gefährte war beeindruckt: »Jetzt weiß ich, dass der Herr mit dir ist, wenn selbst die Tiere des Waldes deinem Wort gehorchen.«

Andere Fassungen der Legende variieren das Verhältnis zwischen Mensch und Bär ein wenig – so zieht etwa einmal der heilige Gallus dem verletzten Petz einen Stachel aus der Pfote – , immer aber ist die Pointe dieselbe: Der ehemalige Problembär wird zum Helfer und Diener des Gottesmannes.

Einen Bären zum Träger ihres Gepäcks machten sich gleich zwei Heilige: Korbinian von Freising und Maximin von Trier.

Der heilige Maximin, der in der ersten Hälfte des vierten Jahrhunderts lebte und als Bischof in der Moselstadt wirkte, war gerade auf dem Weg nach Rom, als ein Bär sich nicht nur an seinen Nahrungsresten gütlich tat: Dieses Mal riss er ihm gleich sein Lasttier.

Wie Gallus ließ sich jedoch auch Maximin von Trier nicht einschüchtern. Er zwang vielmehr den Bären, ihm nunmehr selbst sein Gepäck bis an den Tiber und zurück zu tragen. Erst danach entließ er ihn aus seinem Bann.

Die Geschichte des heiligen Korbinian ist fast identisch. Auch bei ihm tötete bei einer Alpenüberquerung ein Bär das Maultier und ebenso wie der heilige Maximin zwang auch der heilige Korbinian den Bären daraufhin als Lastenträger unter sein Joch.

Noch etwas nachdrücklicher machte sich der heilige Romedius – oder Remedius – von Tavon seinen Bären untertan. Der Einsiedler, der nach den wenig exakten Daten der Überlieferung irgendwann im fünften, neunten oder gar zwölften Jahrhundert am Nonsberg in Südtirol gelebt haben soll, war ebenfalls auf dem Weg zum Papst, als er dasselbe Schicksal erlitt wie seine beiden geistlichen Kollegen. Er unterwarf sich den Übeltäter allerdings noch konsequenter als Maximin und Korbinian: Die Legende berichtet, dass er mit dem Ruf »Du hast mir mein Pferd getötet, nun sollst du mein Reittier sein!« dem verdutzten Bären den Sattel auflegte und auf ihm gen Süden ritt.

Wenn es denn nur immer so einfach ginge, die Übeltäter zu bestrafen und zu resozialisieren …

Ein Fall für den Requisiteur

Die ›typische Handbewegung‹ ist vor allem älteren Fernsehzuschauern noch ein Begriff. Im ›heiteren Beruferaten‹ des bayerischen Brillen-Beaus Robert Lembke wurde sie jedem Kandidaten abverlangt, bevor er – oder sie – sich den Fragen des Rateteams stellen durfte. »Was bin ich?«: eine Gameshow aus den Jahren des deutschen Fernsehen, als das diesen Begriff noch gar nicht kannte, als statt einer Million Euro noch 50 D-Mark zum Hauptgewinn reichten und – die Sendung ist ›Kult‹ bis heute.

Eine bedeutungsschwangere Handbewegung sollte damals den vier Ratern dabei helfen, ihr Gegenüber beruflich leichter zu identifizieren. Eine ähnliche Funktion haben auch die Attribute, mit denen die kirchlichen Requisiteure alle Heiligen zu bedenken pflegen. Sie zeigen auf frommen Bildern oder Monumenten zumindest dem Kundigen an, um wen es sich bei dem oder der Dargestellten handelt, was in deren Leben besonders prägend war und für welche Hilfsaktionen die himmlischen Helfer besonders prädestiniert sind.

Vor allem in den keineswegs immer nur finsteren Zeiten des Mittelalters war das von einiger Wichtigkeit. Obwohl bis in die Neuzeit hinein die meisten Menschen ohne fremde Hilfe mit schriftlichen Botschaften nichts anfangen konnten, waren damals viele Menschen dennoch in der Lage, die bildlichen Darstellungen etwa in den farbenprächtigen Fenstern der Kirchen und Kathedralen regelrecht zu ›lesen‹: Ein Reiter, der mit seinem Schwert seinen Mantel teilte? Das konnte nur einer sein, der heilige Martin von Tours! Ein muskulöser Mann, der sich auf einen Stab stützt und ein Kleinkind auf seinen Schultern trägt? Keine Frage, beim Dargestellten handelt es sich um Christophorus, den ›Christusträger‹.

Ihm hat seine nur fragliche historische Existenz allerdings eine eher wechselhafte posthume Karriere eingetragen: Zeitweise galt er als Heiliger, dann wieder nur als Sagengestalt; im Moment ist er vermutlich zur Freude aller frommen Autofahrer einmal wieder im offiziellen katholischen Heiligenverzeichnis, dem Martyrologium Romanum, vertreten.

Aber so einfach wie in unseren beiden Fällen, gewissermaßen Promis vor dem göttlichen Thron, war und ist es durchaus nicht immer, himmlisches Personal zu identifizieren. Auf zu viele Köpfe ist die Schar der Heiligen mittlerweile angewachsen, zu zahlreich ist auch der Fundus ihrer Requisiten geworden. Und manchmal natürlich eben einfach zu kurios.

In der Liste der Attribute von Heiligen finden sich inzwischen alle möglichen – und auch ein paar unmögliche – Gegenstände. Sollten sie irgendwo in einem Hinterzimmer des Himmels aufbewahrt werden, dürfte das diesem Raum unweigerlich das Flair einer hoffnungslosen Rumpelkammer eintragen.

Wer sich dennoch neugierig auf einen kleinen Rundgang durch die immerhin alphabetisch geordneten Requisiten wagt, könnte gleich am Eingang über einen Haufen verrosteter landwirtschaftlicher Gerätschaften stolpern. Sie sind unter ›A‹ wie ›Ackergerät‹ eingeordnet und gehören dem heiligen Maro oder Marius. Im sechsten Jahrhundert wirkte er als Bischof in der Schweiz, zunächst in Avenches bei Bern und dann in Lausanne. Seine Talente waren offensichtlich vielfältig: Er betätigte sich nicht nur als Chronist und fertigte als Goldschmied selbst liturgische Geräte für seine Kirchen an, sondern er zeigte sich vor allem auch als tatkräftiger Helfer der Armen. Um den notleidenden Menschen seines Bistums besser helfen zu können, hatte er sich als Bischof eine Nebentätigkeit ausgesucht: Er betrieb aktiv Landwirtschaft.

In Abteilung ›A‹ der christlichen Requisitenkammer steht außerdem eine große Kiste mit mehreren Äxten. Eine davon gehört natürlich dem heiligen Bonifatius, der als ›Apostel der Deutschen‹ damit wahrscheinlich im Jahr 723 bei Fritzlar in Nordhessen eine dem germanischen Gott Donar – oder Thor – geweihte Eiche fällte.

Diese Tat war eine offene Provokation der in der Gegend siedelnden und in ihrer Mehrheit heidnischen Chatten. Denn zielbewusst hatte Bonifatius mit seinem holzfällerischen Akt seine Axt nicht nur an einen beliebigen Laubbaum gelegt, sein Axthieb zielte gleichzeitig auf die Wurzeln des Glaubens der Umstehenden. Wenn ihre Überzeugung auch nur etwas Wert besitzen sollte, mussten sie zwangsläufig davon ausgehen, dass der kühne Missionar gleichzeitig mit dem Baum fallen würde: am wahrscheinlichsten durch einen gezielten Blitz, geschleudert von Donar, der im germanischen Jenseits unter anderem für Gewitter zuständig war.

In seiner Bedeutung für das sich entwickelnde Christentum ist das Fällen der Donareiche durch Bonifatius darum ähnlich zu beurteilen wie der Einsatz von Bären als Pack- oder Reittiere durch Maximin, Korbinian oder Romedius. Symbolisch sollte all dies die unbegrenzte Macht des in die Wildheit des Nordens frisch importierten Christengottes zeigen, dem nach dem Glauben seiner Anhänger alles auf Erden und weit darüber hinaus zu Gehorsam verpflichtet war.

Neben dem Beil des Bonifatius finden sich in der Requisitenkiste aber noch mindestens zwei weitere Äxte. Eine davon gehört dem heiligen Wolfgang, der sie laut einer Legende in ein Tal in der Nähe des später nach ihm benannten Wolfgangsees in Österreich geschleudert hatte. Er wollte sich so einen neuen Ort für seine Einsiedlerklause suchen, nachdem ihn der Teufel in seiner ersten Klause immer wieder belästigt und bedroht hatte.

In seinem neuen Refugium setzte sich Wolfgang dieses Mal stärker durch. Es gelang ihm sogar, den Teufel zur Mithilfe beim Bau eines kleinen Kirchleins zu bewegen: Er hatte dem

Höllenfürsten dazu nur versprechen müssen, dass ihm das erste Wesen gehören würde, das in die fertiggestellte Kirche käme.

Der christliche Gott erwies sich jedoch auch im Fall dieses etwas fragwürdigen Abkommens wieder als der stärkere: Das erste Geschöpf, das durch die Kirchentür trat, war kein Mensch, sondern ein Wolf, was den Satan verständlicherweise völlig frustrierte. Zornig packte er das Raubtier und entwich mit ihm durch ein Loch in der Kirchendecke. Vermutlich unter Absonderung dichter Rauchwolken und eines bestialischen Gestanks.

Und noch eine letzte Axt liegt in der Kiste. Sie wird dem heiligen Erhard von Regensburg zugeschrieben, der im achten Jahrhundert im Elsass und im süddeutschen Raum anscheinend besonders ausdauernd mit der Gründung von Klöstern und dem Bau von Kirchen beschäftigt war. Er gilt nicht nur als Schutzpatron der Schuhmacher und Schmiede, sondern auch als Helfer gegen Augenleiden und Kopfschmerzen. Sein Festtag ist der 8. Januar und nur Spötter meinen, dass er deshalb auch als zuverlässiger Beistand gegen anhaltenden Weihnachts-Blues auftreten kann. Lautet die Bauernregel zu seinem Jubeltag doch kurz und bündig: »Sankt Erhard mit der Hack/steckt die Feiertag' in den Sack!«

In Wirklichkeit geht es allerdings – wie eine andere Fassung desselben Spruches belegt – eher darum, die Landbevölkerung aus der verdienten Winterruhe zu wecken. In der sprachlichen Alternativversion findet sich folglich das Wort ›Feiertag'‹ durch den Ausdruck ›Wintertag'‹ ersetzt.

Doch gehen wir ruhig noch ein paar weitere Schritte in den Raum hinein. Hinter dem säuberlich zusammengefalteten Schweißtuch der heiligen Veronika, mit dem sie Jesus auf dessen Kreuzweg Blut und Schweißtropfen vom Gesicht getupft haben soll, und einem Spaten, der dem offensichtlich ebenso frommen wie als Knecht eines Gutsherrn rastlosen Isidor von Madrid gehörte, steht in einer Ecke unter dem Buchstaben ›W‹ ein Fässchen Wein. Es verweist auf den heiligen Otmar, den Gründer und ersten Abt des Klosters St. Gallen in der Schweiz.

Nach der dazugehörigen Legende gerieten die Mönche und zahlreiche Pilger, die zehn Jahre nach dem Tod Otmars dessen sterbliche Überreste von der Insel Werd im unteren Bodensee nach St. Gallen überführen wollten, auf dem Wasser in einen schweren Sturm. Vermutlich auf Fürsprache ihres ehemaligen Klostervorstehers konnten ihnen jedoch nicht nur Wind und Wellen nichts anhaben, zum mehr körperlichen Trost in ihrer Not wurden auch ihre Pilgerflaschen an diesem Tag nicht leer. Was das göttliche Wunder für die Umstehenden noch größer gemacht haben dürfte, als die Hobbyseeleute schließlich zumindest leicht angetrunken von Bord torkelten.

Zum Abschluss unseres kleinen Rundgangs durch die himmlische Requisitenkammer noch zwei sehr spezielle Empfehlungen. Manchmal weist die Kenntnis der Attribute in den Darstellungen nämlich auch auf heilige Nothelfer hin, deren Fürbitte unser Leben gerade auch in Kleinigkeiten angenehmer, freundlicher und gesünder machen kann.

Unter einem Kirschbaum treffen wir da beispielsweise auf die heilige Achahildis von Wendelstein. Ihr war es nicht nur gelungen, eine schon von ihrem Gesinde verzehrte Gans wieder zum Leben zu erwecken, sie fand auch im tiefsten Winter einen Baum voller reifer Kirschen, als sie während ihrer Schwangerschaft die Lust auf süßes Obst überkam.

Neben einem Teller mit saftigen Erdbeeren ist dagegen der heilige Robert von Molesme zu finden, von dem im elften

Jahrhundert der besonders strenge Zisterzienserorden gegründet wurde. Auch ihm war es gelungen, im Schnee eines kalten Winters reife Früchte zu finden. Als unbeugsamer Asket aß er sie jedoch selbstverständlich nicht selbst, sondern servierte sie der todkranken Gräfin von Bar-sur-Seine.

Fromme Christen, die es abseits der warmen Jahreszeit nach einem gehörigen Vitaminstoß verlangt, können sich also vertrauensvoll an diese beiden Heiligen wenden. Wenn sie nicht doch lieber gleich im nächsten Supermarkt einkaufen. Fair gehandelt und biologisch angebaut natürlich.

Himmlischer Arbeitsschutz

Eigentlich sind hier die Akzente falsch gesetzt: Wenn die katholische Kirche durstigen Barbesuchern zwischen Happy Hour und Absacker einen Schutzheiligen an die Seite gestellt hätte, wäre das vermutlich nur notorischen Nichttrinkern und konsequenten Kostverächtern überflüssig vorgekommen. Alle anderen hätten an die wunderbare Weinvermehrung bei der Hochzeit zu Kana gedacht und sich ein weiteres Mal über einen durchaus auch dem ganz irdischen Genuss zugewandten Jesus gefreut.

Aber so ist es leider nicht gekommen: Zwar dürfen – oder müssen – Christen auch weiterhin damit leben, dass Jesus nach eigener Einschätzung von vielen seiner Zeitgenossen als »Vielfraß und Säufer, Kumpan der Zolleinnehmer und Sünder« (Lukas 7,34) angesehen wurde, zu einem eigenen Schutzpatron haben es seine mehr oder weniger trinkfesten Nachfolger am Bartresen aber bisher nicht gebracht. Statt der Gäste sind es vielmehr die Gastgeber, denen von Seiten der Kirche ein für sie zuständiger Heiliger an die Seite gestellt wurde: Und was für einer! Ausgerechnet der heilige Bernhard von Clairvaux gilt offiziell als der Schutzheilige der Barkeeper.

Warum das so ist, lässt sich schwer begründen. Bernhard, selbst eher ein Asket als ein Genussmensch, wird bis heute für seinen tiefen Glauben, seine überragende Intelligenz und eine Unbestechlichkeit gerühmt, die ihn zu einem gefragten Berater der politischen und geistlichen Prominenz seiner Zeit werden ließ. Aber Bernhard, der Freund der alkoholischen Mischgetränke? Wohl eher eine unbekannte Gestalt.

Abwegig dürfte auf jeden Fall die Deutung sein, Bernhard, der übrigens auch von Martin Luther sehr hoch geschätzt wurde, sei zu seiner posthumen Nebentätigkeit als Schutzherr des Barpersonals gekommen, weil er als »honigträufelnder Kirchenlehrer« (lat.: doctor mellifluus) gilt. Diesen Beinamen empfing er vor allem wegen seiner besonderen Predigtfähigkeiten und nicht etwa wegen eines übertriebenen Hangs zu süßer Würze von Speisen und Getränken.

Ebenso abwegig ist eine zweite Vorstellung: In vielen Darstellungen ist Bernhard zu sehen, während ihm die Gottesmutter Maria die Lippen mit der Milch ihrer Brüste benetzt. Für heutige Menschen ein eher abwegiges und unverständliches Motiv, verstanden es seine Zeitgenossen ohne Schwierigkeiten: Die sogenannte ›Lactatio‹ war ein simpler Hinweis auf die außergewöhnliche Beredsamkeit des Heiligen.

Warum nun aber ausgerechnet dieser Musterintellektuelle als der Schutzpatron der Barkeeper? Vielleicht sollte man – oder frau – darüber einmal in schummriger Atmosphäre bei einer *Bloody Mary*, einem *Bellini* oder einem *Cuba libre* meditieren.

Eventuell erschließen sich dabei auch noch weitere Feinheiten des himmlischen Geschäftsverteilungsplans. Wer da nämlich von wem in der umfänglichen Liste der Schutzpatrone und -patroninnen speziell geschützt wird, mag zwar nicht immer völlig einsichtig sein, es hat aber oft seinen ganz besonderen Reiz. Und manchmal auch seinen ganz besonderen Witz.

Es könnte beispielsweise noch unmittelbar einleuchten, dass den Diplomaten der Erzengel Gabriel als überirdischer Beschützer an die Seite gestellt wurde, ein Engel, der ja oft genug selbst »vom Himmel hoch« in diplomatischer Mission unterwegs war. Schon weit schwerer ist es aber zu begreifen, warum sein Kollege Michael, geschichtlich quasi im Hauptberuf zunächst der Schutzpatron des Heiligen Römischen Reiches und später in derselben Position für Deutschland tätig, ausgerechnet für das Wohl der Fallschirmjäger zuständig ist.

Am ehesten dürfte sich diese Aufgabenzuweisung noch dadurch erklären, dass dieser Engel seit alters her als Symbol einer wehrhaften Kirche gilt. Er war es, der im wahrscheinlich ersten Bürgerkrieg des Universums die gottestreuen Engel gegen die Mächte jener Abtrünnigen anführte, die selbst wie Gott sein wollten und die dafür mit ihrem Sturz in die Hölle büßen mussten. Dieser Einsatz brachte Michael den Beinamen ›Fürst der himmlischen Heerscharen‹ ein und der wiederum führte dann vermutlich zu seiner Zuständigkeit für die Fallschirmjäger im Besonderen und die Soldaten im Allgemeinen.

Ziemlich klar erscheint es auch, warum der heilige Fiacrius, ein im siebenten Jahrhundert aus Irland nach Frankreich eingewanderter Mönch und Einsiedler, heute als Schutzpatron der Chauffeure und Taxifahrer gilt: Nomen est omen, möchte man annehmen, denn einen Fiaker kennt schließlich jeder, der schon einmal an der Wiener Prater- und Heurigenseligkeit schnuppern durfte.

Was zunächst so schlüssig aussieht, stellt sich bei näherem Hinsehen allerdings schnell als falsch heraus. Fiacrius war alles andere als umtriebig und würde sich mindestens ebenso gut als Heiliger des Umweltschutzes und der Ökologie eignen wie ausgerechnet als Schirmherr der automobilen Droschkenkutscher. Er liebte eher die Abgeschiedenheit und Einsamkeit der freien Landschaft als die Betriebsamkeit der Städte und Dörfer, und nach der Legende gelang es ihm allein dadurch, dass er mit seinem Stock den Boden berührte, aus der Wildnis seiner Einsiedelei einen blühenden Garten entstehen zu lassen.

Warum dann aber gerade dieser Eremit als Schutzheiliger der Chauffeure? Die Antwort ist ganz einfach und nicht unbedingt höchst spirituell: Der Pariser Kaufmann und Pferdehändler Nicolas Souvage hatte um das Jahr 1662 eine zündende Geschäftsidee. Er bot dem zahlenden Publikum erstmals von Pferden gezogene Mietkaleschen mit Kutscher an, die alle ihren zentralen Standplatz in der *Rue de Fiacre* hatten. In Wien übernahm man wenig später dieses frühe Nahverkehrsangebot und etwa ab 1720 begann sich von dort aus der Name ›Fiaker‹ für Pferdedroschken allgemein durchzusetzen.

Erst über diesen sehr weltlichen Umweg kam also der heilige Fiacrius zu seinem irdischen Nebenjob. Ob er ihm gefällt, sei dahingestellt: Wahrscheinlich wäre ihm ein etwas ›grünerer‹ Posten weit lieber gewesen.

Zuständig für das Heil der Beschäftigten im Luftverkehr ist dagegen die heilige Bona von Pisa. Sie unternahm im zwölften Jahrhundert von ihrer Heimatstadt aus viele Pilgerfahrten, die sie unter anderem ins Heilige Land, ins spanische Santiago de Compostela, nach Rom und nach Süditalien führten.

Auf diesen Reisen gab sie offensichtlich weit mehr als nur das Bild einer durchschnittlichen, wenn auch etwas frommeren Touristin ab. An vielen Orten, in die sie gelangte, wirkte sie Wunder, und das dürfte wahrscheinlich dazu geführt haben, dass Papst Johannes XXIII. sie im Jahr 1962 zur speziellen Heiligen der Stewardessen und Flugbegleiter berief. In den engen und voll besetzten Jets der Urlaubsflieger und Billig-Airlines dürfte diese Unterstützungsarbeit nicht die einfachste Aufgabe sein, die auf einen offiziellen Schutzpatron wartet.

Und dennoch: So schlecht hat es die heilige Bona doch nicht getroffen. Eine einigermaßen logische Verbindung zwischen der Wundertätigkeit bei Pilgerfahrten und der wunderbaren Tätigkeit im Charterflieger könnte bei ihr mit einiger Phantasie immerhin noch gezogen werden. Manchmal ist der Unterschied zwischen der Stellung im früheren Leben und der späteren Zuständigkeit als Schutzheiliger aber so grotesk, dass jeder Erklärungsversuch fast aussichtslos erscheinen muss.

Nehmen wir beispielsweise den heiligen Julius I. Er amtierte von 337 bis 352 als ein kluger und geschickter Papst, der aktiv gegen Irrlehren kämpfte und die Vormacht Roms in der noch jungen Kirche nachhaltig stärkte. Sein Wirken ging aber auch über die engere Theologie weit hinaus: Einem Dekret aus seiner Hand wird zugeschrieben, dass von der Kirche der 25. Dezember als Tag für die Geburt Jesu festgelegt wurde. Unterlagen oder gar Geburtsurkunden gab es schließlich keine.

Insgesamt gilt Julius I. als eine eindrucksvolle Persönlichkeit, deren Wirken es zu verdanken ist, dass das Ansehen des Papsttums während seiner Regierungszeit rasch wuchs. Entsprechend schnell wurde Julius heilig gesprochen; bereits zwei Jahre nach seinem Tod nahm die Kirche ihn in ihren offiziellen Kalender auf.

Vor diesem Hintergrund kann es nicht verwunderlich erscheinen, dass dem dahingeschiedenen Julius schon bald das eine oder andere Patronat angetragen wurde. Vieles wäre bei einer solch illustren Persönlichkeit sicher denkbar gewesen, die Wahl fiel jedoch ausgerechnet auf die Schirmherrschaft für die Instandhalter und Pfleger der Latrinen, Aborte, Abtritte oder wie man diese Einrichtungen auch immer bezeichnen mag.

Nachzuvollziehen ist diese Entscheidung heute nur noch schwerlich. Einzig ein »Alphabetisches Nachschlagebuch für Kirchen-, Kultur- und Kunsthistoriker, sowie für den praktischen Gebrauch des Geistlichen« aus dem Jahr 1905 gibt einen knappen Hinweis: Danach richtete Kaiser Konstantin der Große auf den Rat von Papst Julius einen aus verschiedenen Ständen zusammengesetzten ›Totengräber-Verein‹ ein. Wegen »der Aehnlichkeit des Gewerbes«, die allerdings nicht näher ausgeführt wird, vermutet das zitierte Nachschlagebuch nun ohne weitere Begründung, dass dem hohen Herrn die etwas anrüchige Zuständigkeit für das niedere Volk angetragen wurde.

Vielleicht um dem heiligen Julius seine Arbeit zu erleichtern, wird im selben Band aber noch ein zweiter Schutzpatron für die Toilettenreiniger angegeben. Es ist dies der aus England in Frankreich eingewanderte Einsiedler und Missionar Clarus, der im neunten Jahrhundert von Meuchelmördern ums Leben gebracht wurde. Mit der Säuberung von Bedürfnisanstalten hatte auch er Zeit seines Lebens zwar vermutlich wenig zu tun, ihm wurde aber gewissermaßen sein Name zum Verhängnis: Das lateinische Wort ›clarus‹ bedeutet ganz einfach ›klar‹, ›rein‹ oder ›sauber‹.

Wer auch immer in diesem Fall für die Vergabe der Patronate zuständig gewesen sein mag: Einen gewissen Sinn für grimmigen Humor kann man ihm nicht absprechen.

Ihn besaß augenscheinlich auch derjenige, der einen eher etwas einfältigen italienischen Priester aus dem 17. Jahrhundert ausgerechnet zum Schutzheiligen der Piloten und Weltraumfahrer beförderte. Der Mönch Josef von Copertino wurde in seiner Kindheit und Jugend als so dumm abgetan, dass ihm selbst einfachste Arbeiten nicht zugetraut wurden. Deshalb wird er heute passenderweise auch gern vor schwierigen Prüfungen und Examen zu Hilfe gerufen und ist im besten Sinn ein Volksheiliger, dessen Popularität ihn zu seiner Zeit zu einem Vorläufer des heutigen Padre Pio gemacht haben dürfte.

Seine Zuständigkeit für jegliche Art von fliegenden Menschen hat sich der auch als ›fliegender Frater‹ bekannte Josef vermutlich damit verdient, dass er immer wieder in Ekstasen versetzt wurde und sich dabei vor Zeugen zum Teil mehrere Meter in die Luft erhoben haben soll. Meist begannen seine Rundflüge damit, dass der Mönch eine tanzende Gebärde machte, dann stieß er einen vogelartigen Schrei aus und erhob sich vom Erdboden. Wie Zeugen gesehen haben wollen, startete er bei einem seiner Flüge beispielsweise in der Mitte der Kirche und flog bis zum Hochaltar, über dem er sich ungefähr eine Viertelstunde lang in der Luft hielt. Nach einer anderen Legende soll er einmal mehr als fünfzig Meter in die Höhe gestiegen sein, um in den Lüften ein zehn Meter großes Kreuz in Empfang zu nehmen, das er dann ohne jede Anstrengung »wie einen Strohhalm« auf der Erde absetzte.

In Richtung Himmel trieb es den mystisch begabten Mönch übrigens auch zum Nachdenken. Wenn er ungestört meditieren wollte, pflegte er zeitgenössischen Berichten zufolge auf Bäume zu klettern, wo ihn stets schnell ein Schwarm höchst zutraulicher Vögel umschwirrte. Sie begleiteten ihn auch oft, wenn er in seiner kleinen Klosterkapelle die Messe las.

Erzengel, Päpste, Einsiedler, Pilger und fliegende Mönche auf der einen, Latrinenreiniger, Fallschirmjäger, Astronauten, Stewardessen auf der anderen Seite: Das Spektrum der Schutzheiligen scheint ebenso breit wie das der von ihnen behüteten Tätigkeiten. Und dennoch muss ein kurzer Blick es ein wenig fraglich erscheinen lassen, ob dieser Schutz und Schirm sich wirklich über allen Menschen ausspannt.

Doch gemach: Auch wer keinen übermäßig ausgefallenen Beruf ausübt, für den wird von oben her gesorgt! Auch Max und Erika Mustermann, die täglich zwischen Acht und Fünf in irgendeinem Büro ihre berufliche Fron ableisten, müssen keinesfalls ohne himmlischen Beistand auskommen. Suchen wir uns zum Beweis einmal einen Berufsstand, mit dem wohl jeder Bürger regelmäßig zu tun bekommt. Ja, richtig, auch die Finanzbeamten haben jemanden, der im Jenseits über sie wacht.

Nach dem göttlichen Geschäftsverteilungsplan wurde diese Aufgabe einem gewissen Mammas zugeteilt. Er lebte im dritten Jahrhundert in der heutigen Türkei, wo er nach Überlieferungen bei den Christenverfolgungen unter dem römischen Kaiser Aurelian ermordet wurde. Trotz seiner späteren Berufung war der heilige Mammas während seines irdischen Lebens aber eher dem nicht-monetären Sektor verbunden: Er lebte in einer Höhle und predigte den wilden Tieren. Was ihn bis heute auch zum Patron der Hirten macht.

Was qualifiziert einen solchen Mann nun jedoch ausgerechnet und zusätzlich zum Patron eines Berufsstandes, der nach landläufigem Vorurteil mehr mit gnadenlosem Blutsaugen als mit bedingungsloser Liebe zum Mitgeschöpf zu tun hat?

Eine Antwort auf diese Frage ist nur möglich, wenn wir uns darauf einlassen, den sicheren Boden belegbarer Geschichtsschreibung zu räumen und uns stattdessen in den Nebel der Legendenbildung zu begeben. In ihm verschwimmt die Person des Mammas sofort bis zur Unkenntlichkeit, um dann einige Hundert Jahre später – im zwölften Jahrhundert – plötzlich wieder aufzutauchen. Und zwar nicht auf dem türkischen Festland, sondern in der Nähe eines Ortes mit dem schönen Namen Güzelyurt auf der Insel Zypern.

Inzwischen herrschen auf dieser Mittelmeerinsel nicht mehr die Römer, sondern die Muslime haben die Macht übernommen. Ihren Behörden gegenüber verweigert Mammas aus unbekanntem Grund die Zahlung von Steuern, was ihn – verständlicherweise – in Konflikt mit der Staatsmacht bringt. Er wird festgesetzt und soll einem Richter vorgeführt werden.

Während er zum Gericht geschleppt wird, begegnet der kleine Zug aus dem Angeklagten und seinen Bewachern einem Löwen, der ein Schaf jagt. Mammas reagiert auf diese Situation wie ein PR-Profi von heute: Er ruft den Löwen spontan zu sich, zähmt das Raubtier blitzschnell und reitet schon wenig später auf seinem Rücken in den Gerichtssaal ein. Das gerettete Schaf hält er dabei so symbolhaft in seinen Armen, als erwarte er hinter jedem Mauervorsprung einen panisch fotographierenden Pulk von Paparazzi.

Als der Richter ihn sieht, kann er sich erwartungsgemäß der Suggestivkraft des wandelnden Bildes von Frieden und Versöhnung nicht entziehen. Er entlässt Mammas umgehend aus der Gefangenschaft. Und nicht nur das: Zusätzlich gewährt er ihm Steuerfreiheit auf Lebenszeit, wofür sich der Heilige bei ihm bedankt, indem er ihm das gerettete Schaf überlässt.

So weit, so gut. Hier könnte die Geschichte eigentlich zu Ende sein, sie hat aber überraschenderweise noch eine Pointe, die den armen Mammas – soweit das im Himmel überhaupt möglich ist – in arge Gewissenkonflikte stürzen könnte.

Die manchmal durchaus subversive Christenheit hat es nämlich nicht dabei belassen, den mediterranen Mammas zum Schutzpatron der Steuerbeamten und der Steuerberater zu erklären. Als gäbe es eine kirchliche Kampagne mit dem Motto ›Ein Herz für Sünder!‹ gilt er inzwischen gleichermaßen als Schirmherr der Steuerhinterzieher.

Diese Ausdehnung seines Aufgabenfeldes dürfte ihm zwar eine Anhängerschaft in Millionenstärke beschert haben, die Probleme waren und sind indes vorprogrammiert. Predigen das Matthäus- und das Lukasevangelium schließlich nicht umsonst den Grundsatz: »Niemand kann zwei Herren dienen!«

Damit tut sich an dieser Stelle ein kaum auflösbarer Gegensatz auf. Auch Heilige drohen eben manchmal an ihren Aufgaben zu scheitern.

Nackt und absonderlich

Ganz normal waren wohl nur die wenigsten von ihnen. Vielleicht muss man aber auch wenigstens ein bisschen verrückt sein, um sein Leben soweit in den Dienst seines Gottes zu stellen, dass man bei Zeitgenossen wie Nachgeborenen als heilig gilt.

Die Wege und der Grad der Abweichungen sind dabei

allerdings durchaus unterschiedlich. Da gibt es beispielsweise die eher milde Form, wie sie etwa bei Johannes-Maria Vianney anzutreffen ist. Vianney, auch bekannt als der ›Pfarrer von Ars‹, lebte von 1786 und 1859; seine Heiligsprechung erfolgte 1925, vier Jahre später wurde er zum Patron aller Pfarrer ernannt.

Mit Josef von Copertino hat Johannes-Maria Vianney gemeinsam, dass beide zunächst für ausgesprochen dumm und einfältig gehalten wurden. Beide brachten es trotz dieser Abqualifizierung zwar letztendlich bis zum Priester, beide brauchten dafür aber einen überdurchschnittlich langen Anlauf. Und wahrscheinlich auch ein gutes Stück Vorschussgnade von oben.

Trotz einiger Ähnlichkeiten im Werdegang sind Josef von Copertino und Johannes-Maria Vianney im weiteren Verlauf ihres Lebens aber allenfalls noch in der Größe ihrer Anhängerschar vergleichbar.

Während der italienische Mönch die Menschen als fliegender Mystiker faszinierte, erwies sich der Pfarrer von Ars mit der Übernahme seiner Pfarrstelle schnell als ein Seelsorger von hohen Graden. Getreu seinem Grundsatz »Der liebe Gott liebt es, belästigt zu werden«, führte er seine spirituell vernachlässigte und dem Glauben weitgehend fernstehende Gemeinde ebenso behutsam wie nachhaltig zu Gott. Er schaffte dies, indem er soziales Engagement – er gründete unter anderem eine Mädchen- und eine Jungenschule sowie ein Heim für obdachlose Mädchen – mit mindestens ebenso leidenschaftlichem Einsatz für die Seelen der Menschen verband. Schließlich wurde er als ein außergewöhnlich guter Hirte so bekannt, dass Menschen aus ganz Frankreich nach Ars pilgerten und manche Familien sich dort sogar ganz niederließen.

Johannes-Maria Vianney blieb bei all dem indes gelassen

und bescheiden. So ernährte er sich Zeit seines Lebens vornehmlich von Kartoffeln, die er jeweils für eine ganze Woche im Voraus zu kochen pflegte. Wenn sie gegen Ende der sieben Tage leicht zu schimmeln begannen, brachte ihn das indes keineswegs dazu, seinen wenig abwechslungsreichen Speiseplan zu ändern. Letzten Endes dürfte es angesichts dieser Essgewohnheiten wohl nicht zuletzt der Fürsorge seines himmlischen Herrn zu verdanken sein, dass er seine brachiale Diät überhaupt überlebte.

Göttliche Fürsorge hatte der Heilige auch noch aus einem anderen Grund ziemlich nötig. Während seines ganzen Lebens fühlte er sich nämlich vom Teufel persönlich verfolgt und belästigt, den er in merkwürdiger Vertrautheit ›Grappin‹, den Greifer, nannte. Nach den Berichten von Zeitgenossen gingen die satanischen Anfeindungen vor allem des Nachts häufig so weit, dass das ganze Pfarrhaus in seinen Grundfesten bebte.

Angst machte das dem Gottesmann trotzdem keine, seine Reaktionen auf die Angriffe aus der Hölle würde man heute vielmehr als ausgesprochen *cool* bezeichnen. Obwohl ihm einmal beispielsweise eine eiskalte Hand mitten durch das Gesicht fuhr und er eine gespenstische Stimme röhren hörte: »Vianney! Vianney, du Kartoffelfresser! Du bist noch nicht tot, aber ich werde dich schon noch kriegen!«, blieb er tapfer. Unbeeindruckt schlug er nur das Kreuzzeichen und murmelte fast mitleidig: »Dummer alter Satan.«

Bei anderen Heiligen zeigen sich die Absonderlichkeiten weit offensichtlicher. In der großen Zahl der heiligen Marias findet sich da beispielsweise eine, bei der in der kirchlichen Liste ihrer Attribute ohne jede Vorwarnung nur lapidar verzeichnet steht: »nackt und mit Haaren bedeckt.«

Viel ist über diese Heilige nicht bekannt, das meiste davon ist zudem von einem Wahrscheinlichkeitsgrad, der unseres heiligen Mammas Löwenritt in die Steuerfreiheit aussehen lässt wie eine nüchterne Tatsachenschilderung. Doch selbst wenn es sich bei der Biographie der sogenannten ›Maria von Ägypten‹ um pure Phantasie handeln sollte: Für ihre Lebensgeschichte gilt mit absoluter Sicherheit das alte Urteil »... und wenn es nicht die Wahrheit ist, so ist es gut erfunden«.

Aber der Reihe nach. Unsere Maria hat der Legende nach im fünften Jahrhundert als fromme Einsiedlerin in der Wüste östlich von Jericho gelebt. Gestartet war sie auf der Gott abgewandten Seite der Sünde: Siebzehn Jahre lang soll sie als Prostituierte im ägyptischen Alexandria für ausgesprochen irdische Freuden gesorgt haben, bevor sie sich entschloss, an einer Wallfahrt nach Jerusalem teilzunehmen und ihr Leben grundlegend zu ändern. Leider war die Überfahrt jedoch sehr teuer, und so musste sie zur Begleichung der Schiffspassage ein letztes Mal auf jene Qualifikationen zurückgreifen, denen sie eigentlich ja hatte abschwören wollen. Den Nutzen hatte die gesamte Mannschaft.

In Jerusalem angekommen, wollte sie sofort die Grabeskirche aufsuchen, doch auf der Schwelle des Gotteshauses versperrte ihr eine unsichtbare Macht den Zugang. Dreimal wiederholte sich diese Zurückweisung, und unter christlichen Gutmenschen von heute mag das durchaus die Vermutung nähren, dass selbst im Himmel Vergebung früher offensichtlich noch nicht so im Schwange war wie unter den liberalen und toleranten Vorzeichen der Gegenwart.

Erst als die ägyptische Maria sich an ihre Namensvetterin, die Gottesmutter Maria, wandte und sie um Unterstützung bat, konnte sie die Kirche betreten und in deren damals wie heute eindrucksvollem Innenraum ihrem bisherigen Lebenswandel entsagen.

Mit diesem Gelöbnis der Umkehr machte sie dann auch umgehend Ernst. Als ihr ein Unbekannter nämlich drei Münzen schenkte, kaufte sie sich davon drei Brote und zog sich mit ihnen als einer Art Notration zur Buße in die Wüste zurück.

Dort fand sie 46 Jahre später am Osterfest ein Mönch mit Namen Zosimus. Wahrscheinlich wusste er nicht, wen er vor sich hatte, denn das einstige Freudenmädchen Maria war nun zwar wieder nackt, doch ihr ganzer Körper war überall mit einem dichten Fell aus Haaren bedeckt.

Maria nahm Zosimus das Versprechen ab, sie im nächsten Jahr zu Ostern wieder zu besuchen und ihr die Kommunion zu spenden oder – für Protestanten – mit ihr das Abendmahl zu feiern. Als es soweit war, hatten starke Regenfälle den Jordan allerdings so weit anschwellen lassen, dass der Mönch den Fluss nicht überqueren konnte. Maria, die am anderen Ufer stand, ließ sich davon allerdings in keiner Weise entmutigen: Sie schlug ein Kreuzzeichen und schritt wie Jesus über das Wasser. Nachdem sie aus Zosimus' Hand die Kommunion empfangen hatte, machte sie ein zweites Mal das Kreuzzeichen, überquerte den Fluss in Gegenrichtung wiederum auf Jesus-Art und verschwand erneut in der Einsamkeit.

Ein Happy End? Das hat diese Geschichte eher in einem spirituellen Sinn. Zosimus, der anscheinend eine treue Seele besaß, kehrte ein Jahr später ein weiteres Mal zurück, dieses Mal ungehindert durch Naturkatastrophen. Was er fand, war jedoch nur eine tote Maria, die neben sich die Bitte in den Sand geschrieben hatte, sie zu begraben.

Zosimus brachte dieses Anliegen anscheinend ins Nachdenken, denn die Legende berichtet, dass noch während seines Grübelns ein Löwe erschien, der allein mit seinen Tatzen ein Grab aushub, in das Zosimus die verstorbene Heilige dann legen konnte.

Während Marias Geschichte als, zugegeben, kurioses Gleichnis über menschliche Umkehr und göttliche Vergebung gelesen werden kann, fällt das bei einem zweiten großen Nackten und Behaarten der Kirchengeschichte schon schwerer. Sein riesiges Abbild findet sich auf einer Fassade am Münchner Marienplatz, und so manch einer der Passanten wird sicher schon darüber nachgesonnen haben, ob es sich bei dem großen nackten Mann nicht vielleicht um die allegorische Darstellung eines durchschnittlichen Steuerzahlers handeln könnte.

Weit gefehlt! Bei dem nur mit einem Schurz aus großen Blättern bekleideten Bärtigen handelt es sich um den heiligen Onophrios (oder Onuphrius) den Großen, einen abessinischen Fürstensohn, der im vierten Jahrhundert sechzig Jahre in der Einöde von Kappadokien gelebt haben soll, ohne je einem anderen Menschen zu Gesicht zu kommen. Auf die heilige Kommunion musste er während dieser einsamen Jahrzehnte dennoch nicht verzichten: Sie wurde ihm an allen Sonn- und Feiertagen zuverlässig von einem Engel gespendet.

Was hat dieser vom heutigen Äthiopien in die heutige Türkei ausgewanderte Einsiedler mit dem alles verhüllenden Haar- und Bartwuchs nun aber ausgerechnet mit der mondänen Metropole München zu tun?

Nun, die Verbindungslinie ist etwas verschlungen. Ihren Ausgangspunkt hat sie bei einer anderen legendären Person, dem Welfenherzog Heinrich dem Löwen, der im zwölften Jahrhundert die Stadt München gegründet haben soll. Ihm wird zugeschrieben, dass er der neuen Stadt gewissermaßen als Gründungsgabe die Hirnschale des Heiligen vermachte, die er von einem Kreuzzug als spirituelles Souvenir aus dem Vorderen Orient mitgebracht hatte.

Diese wertvolle, aber auf sensible Gemüter eventuell auch leicht abstoßend wirkende Reliquie wurde lange in einer Kapelle aufbewahrt und verehrt. Leider wurde dieses Kirchlein am sogenannten ›Alten Hof‹ Heinrichs trotz seines wertvollen Schatzes im Jahr 1816 abgerissen, und besonders behutsam ging man dabei offensichtlich nicht vor. Aus dem baulichen Abriss wurde jedenfalls schnell eine fromme Demontage, bei der das heilige Hirn verloren ging. Seither ist es nicht wieder aufgetaucht.

Präsent ist der für München ja nicht ganz unwichtige Onophrios in der bayerischen Landeshauptstadt damit jetzt fast nur noch durch die Fassadenmalerei am Marienplatz. Sie geht zurück auf einen Mann namens Heinrich Pirmat, der um 1490 als Dank für die glückliche Rückkehr von einer Pilgerreise ins Heilige Land ein Bild des St. Onophrios an seinem Wohnhaus anbringen ließ. Dieser Bau stand genau an der Stelle, an der bis dato die Alte Burg Herzog Heinrichs gestanden hatte.

Jedes Haus, das seitdem an dieser Stelle steht, trägt seitdem traditionsgemäß ein überdimensionales Onophrios-Bild. Es könnte für alle Betrachter eine fast lebenswichtige Funktion erfüllen: Nach einem weit verbreiteten Volksglauben ist nämlich jeder Mensch, der im Vorübergehen auch nur einen flüchtigen Blick auf den ästhetisch vielleicht nicht ganz unumstrittenen Wandschmuck wirft, an dem betreffenden Tag vor der Gefahr eines plötzlichen Todes geschützt.

Wenn es auf dem zentralen Platz Münchens seit Urzeiten nun aber immer wieder zu Menschenansammlungen und Volksaufläufen kommt, dürfte das mit dem heiligen Onophrios und seiner trostreichen Zusage eines ziemlich ewigen Lebens trotzdem verhältnismäßig wenig zu tun haben. So fromm ist man selbst in Bayern schon lange nicht mehr.

Doch blättern wir weiter im *Who's who* der Heiligkeit. Sogar ein mehrbändiges Werk böte indes nicht genügend Platz, um alle Heiligen mit ihren Attributen und Heilsversprechen aufzuführen. Nicht einmal eine Beschränkung auf die Merkwürdigsten unter ihnen verspräche eine Lösung: Es sind einfach zu viele.

Gleich ein paar von ihnen wie etwa Alban von Mainz, Dionysius von Paris oder Eusebius von Rankweil tragen ihre abgeschlagenen Köpfe nach der Art gängiger Schlossgespenster in den Händen. Die heilige Gwenn, eine hauptsächlich als Mutter dreier Einsiedler hervorgetretene Bretonin, wird stets mit drei Brüsten dargestellt, die heilige Agatha von Catania, nach der Legende eine wohlhabende sizilianische Adlige von großer Schönheit, besitzt dagegen zwar nur einen ganz normalen Brustkorb, dafür trägt sie als Märtyrerin ihre Brüste aber auf einer Servierplatte vor sich her.

Mehr Frohsinn verbreitet da schon der heilige Lukan von Säben in Südtirol, ein anscheinend zum Optimismus neigender Bischof des fünften Jahrhunderts. Er ist daran zu erkennen, dass er nach diversen Darstellungen seinen Regenmantel zum Trocknen an einen Sonnenstrahl zu hängen pflegte.

Um es auf einen knappen Nenner zu bringen: Bei den Heiligen gibt es nichts, was es nicht gibt. Schließlich gilt auch bei ihnen wie überall sonst in der bunten Welt der Religionen die tröstliche Versprechung: Wer's glaubt, wird selig!

Nicht immer fällt das Glauben allerdings selbst frommen Seelen sonderlich leicht. Kopflose Kleriker, Frauen mit überdurchschnittlich gut gefüllten Dekolletés und an Sonnenstrahlen flatternde Regenkleidung mag man ja noch so eben als besonders farbige Muster im eher groben Gewebe der Volksfrömmigkeit betrachten, doch dass schon lange vor Jesus zahlreiche Söhne Gottes die Erde besuchten und sie Gott sogar so weit brachten, dass sein Geduldsfaden bis zum Reißen gespannt wurde: Das klingt nun nicht unbedingt wie eine unbezweifelbare Überlieferung aus den Tiefen jüdisch-christlicher Tradition.

Und dennoch ist es so.

Gottes Söhne, Evas Töchter

Die vergleichsweise kurze biblische Geschichte, um die es hier geht, hat mit Heiligen im ursprünglichen Sinn eigentlich gar nichts zu tun: Sie spielt eher ein Stockwerk höher in einem fast polytheistischen Zwischenreich, in dem der Ein-Gott-Glauben der Juden und Christen keinen Platz zu haben scheint.

In einer bizarren Erzählung, die selbst für die an Kuriositäten nicht gerade arme Bibel kaum zu überbieten ist, geht es um eine einzigartige himmlisch-irdische Verbindung.

Verhältnismäßig bald nach Erschaffung der Welt treiben es danach göttliche Söhne mit menschlichen Töchtern, und das führt schließlich dazu, dass der Lebensfaden der Menschen von ihrem Schöpfer in seiner Länge massiv beschnitten wird. Die sogenannten ›Nephilim‹ hatten nämlich ein Geschlecht gezeugt – und da kommen unsere Heiligen dann eben doch wieder irgendwie ins Spiel – das je nach Übersetzung im Alten Testament »die Helden der Vorzeit, die berühmten Männer« oder schlicht »die Riesen« genannt wird. Was war geschehen?

In einem der rätselhaftesten Kapitel der Bibel wird im

1. Buch Mose zunächst davon berichtet, dass nach der Katastrophe der Vertreibung aus dem Paradies die Zahl der Menschen auf der Erde stetig anstieg und sich unter ihren Nachkommen – aufmerksame Beobachter des Wirkens von Heidi Klum dürften an dieser Stelle kaum überrascht sein – bald auch viele überaus ansehnliche Töchter fanden. Den nicht näher beschriebenen Wesen, die vom Alten Testament nur knapp als ›Gottessöhne‹ bezeichnet werden, konnte das ebenfalls nicht lange verborgen bleiben. Allem Anschein nach waren sie weiblicher Schönheit unter den Menschen durchaus zugetan, und so näherten sie sich den biblischen Supermodels in klassisch-eindeutiger Absicht und zeugten mit ihnen eine große Schar von Kindern. Diese göttlich-menschlichen Mischwesen wuchsen dann zu den erwähnten Riesen heran (vgl. Genesis 6, 1–4).

Der Weltenschöpfer hoch über ihnen sah dieser von ihm augenscheinlich weder geplanten noch gewollten Bevölkerungsvermehrung zunächst eine Zeitlang untätig zu. Dabei wurde er allerdings zusehends missmutiger und er beschloss zu handeln. Seit sich Adam und Eva als wenig vertrauenswürdige und undankbare Untermieter im Paradies herausgestellt hatten, war er alles andere als einverstanden mit der Entwicklung, die sein Werk genommen hatte! Wütend zog er einen Schlussstrich unter das bis dahin kaum beschränkte Altern der Menschen: »Ich lasse meinen Lebensgeist nicht mehr unbegrenzt im Menschen wohnen, denn der Mensch ist schwach und anfällig für das Böse. Ich begrenze seine Lebenszeit auf 120 Jahre.« (1. Buch Mose 6,3)

Und damit nicht genug. Nur wenig später reichte es Gott endgültig. Angesichts der zunehmenden Zuchtlosigkeit und Verderbtheit auf Erden bereute er, die Menschen überhaupt erschaffen zu haben und er beschloss, »sie vom Erdboden hinweg zu vertilgen«. Die Entscheidung für die Sintflut war gefallen.

Aber zurück zum Auftauchen der rätselhaften Gottessöhne und ihrer riesenhaften Kinder zu Anfang unserer Weltgeschichte: Wer sie eigentlich sein könnten, ist nicht so leicht zu erklären. Einig ist man sich in Theologenkreisen allenfalls, dass es sich bei den sehr unvermutet die Weltbühne betretenden ›Söhnen‹ Gottes selbstverständlich nicht um seine leiblichen Kinder handelt. Sie werden vielmehr als Wesen aus seiner engeren Umgebung verstanden. Einfacher ausgedrückt: als Engel.

Vielen Esoterikern und Science-Fiction-Fans reicht diese Erklärung allerdings keinesfalls aus. Sie sehen das Ganze eher technologisch als theologisch und halten den biblischen Text für einen eindeutigen Beleg dafür, dass die Erde einst von Außerirdischen besucht wurde, die sich bei diesem Besuch mit Menschen paarten. In diesem Zusammenhang bekommen dann sogar die ›gefallenen Engel‹ der Bibel eine entsprechende Bedeutung: Ganz profan könnten sie schließlich nichts anderes sein als abgestürzte Raumfahrer.

Doch gleichgültig, ob nun Astronauten oder Engel: Im Moment ist die Frage noch offen, ob sich der Himmel nach den ungeplanten Schwangerschaften der biblischen Frühzeit eigentlich in den folgenden Jahrtausenden aus dem menschlichen Sexualleben herausgehalten hat.

Um hier klarer zu sehen, sind ein paar Reisen erforderlich: räumlich wie zeitlich. Denn je nachdem, welche Gegend unserer Erde und welche ihrer Epochen genauer betrachtet wird, fallen die Antworten auf die Frage nach dem Einfluss Gottes – oder der Götter – auf die menschlichen Betten und Lagerstätten ganz verschieden aus. Nicht alles, was dort so getrieben wird, kann mit göttlichem Segen rechnen. Aber es ist durchaus auch nicht immer Gottes Wille, aus der Lust eine Last zu machen.

Die Stellung der Missionare

Was im Sex erlaubt ist – und was nicht

Allerhöchste Verkehrsordnung

Die Geschichte hat ihren Reiz: Ausgerechnet prüde Verbreiter von Gottes Wort sollen es gewesen sein, die mit moralinhaltigem Schwung dafür gesorgt haben, dass der weltweite Chartstürmer unter den Sexualstellungen nach ihnen benannt wurde. Ausgerechnet Männer, denen jegliche sexuelle Betätigung jenseits des Verfassens unverfänglicher Gedichte suspekt oder sogar strikt verboten war, sollen als von ganz oben angeleitete Sexualpädagogen dafür Sorge getragen haben, dass auch die Heiden sich nur noch auf gottgefällige Art und Weise vermehrten.

Die Missionarsstellung, nicht nur der vermutlich unbestrittene Klassiker seit es überhaupt menschliche Fortpflanzung gibt, sondern jetzt auch noch der zentrale Beitrag des Christentums für die Gestaltung von Lust und Liebe: Das mag in der Tat seinen bizarren Reiz haben, in Wahrheit haben die Missionare mit der nach ihnen benannten Position aber ebensoviel zu tun wie mit der Erfindung des Schießpulvers. Nichts.

Die Schuld daran, dass den Gottesmännern ein wesentlicher Anteil an der Gestaltung des weltweiten Sexuallebens zugeschrieben wird, liegt vielmehr ausgerechnet bei dem Mann, der mit seinen Forschungen erreicht hat, dass wir über das mehr oder minder geheime Treiben paarungswilliger Menschen mittlerweile wesentlich mehr wissen als noch vor wenigen Jahrzehnten. Dr. Alfred Charles Kinsey war jener Wissenschaftler, der als Insektenkundler begann, um dann mit den nach ihm benannten ›Reports‹ über das sexuelle Verhalten des Mannes und der Frau als derjenige Sexualforscher zu enden, der als erster ausgedehnte Befragungen und statistische Methoden dafür nutzte, das vorherrschende Halbdunkel in den Schlafzimmern unserer Städte und Dörfer etwas aufzuhellen.

Unglücklicherweise war Professor Kinsey aber nicht in allen Dingen so gründlich wie bei seinen Befragungen. Sonst wäre ihm nicht eine verhängnisvolle Fehlinterpretation unterlaufen:

Unter Berufung auf eine wissenschaftliche Untersuchung über die Sexualität der Melanesier behauptete Kinsey, besorgte Südsee-Missionare seien über das kreativ gestaltete Sexualleben der Inselbewohner so entsetzt gewesen, dass sie ihnen per Zeichnung die einzig erlaubte Koitus-Position nahegebracht hätten. Die Insulaner, die ganz offensichtlich eher den Missionaren Nachhilfe in Sachen Sex hätten geben können als umgekehrt, sollen daraufhin die ihnen empfohlene Stellung als »Missionarsstellung« verspottet haben.

Wäre es wirklich so gewesen, hätten die Melanesier allerdings ein wenig kurzsichtig gehandelt, denn die Missionarsstellung bietet – unter welchem Namen auch immer – durchaus lustvolle Vorteile. Diese Position, bei der die beiden Partner den Geschlechtsakt von Angesicht zu Angesicht praktizieren und die übrigens allein von Menschen und Menschenaffen regelmäßig gepflegt wird, erlaubt es nämlich, auf im Gesicht ablesbare Gefühle und Stimmungen des Partners reagieren zu können. Missionarische Nachhilfe auf diesem Gebiet wäre also ausnahmsweise überaus menschenfreundlich gewesen.

Im nächsten Akt der unfreiwilligen Verwechslungskomödie tritt nun ein Wissenschaftler auf, dessen Namen und Universität sich vermutlich kein ernstzunehmender Schriftsteller oder Journalist so auszudenken getraut hätte. Verdanken die Missionare die Rettung ihrer Ehre doch einem gewissen Robert J. Priest, Professor für Mission und interkulturelle Studien an der Trinity Evangelical Divinity School in Chicago. Er fand heraus, dass die Geschichte von der kirchlichen Einmischung im Bett in Kinseys Quellenmaterial gar nicht vorkommt. Der war bei der Lektüre vielleicht etwas abgelenkt, denn um Sex und Missionare geht es in einer Abhandlung zwar durchaus, nur ist der Zusammenhang ein ganz anderer als von Dr. Kinsey konstruiert.

Erzählt wird nämlich allein davon, dass sich die Bewohner der heute zu Papua-Neuguinea gehörenden Trobriand-Inseln über eine von den Weißen übernommene neue Mode beklagt hätten, nach der sich Liebespaare händchenhaltend in der Öffentlichkeit zeigten. Dieser für Europa oder Amerika ausgesprochen harmlose Körperkontakt widerspräche in der Südsee den alten Sitten; er wurde deshalb als unzüchtig empfunden und als »*misinari si bubunela*« (»Missionarsmode«) bezeichnet.

Keine Spur also davon, dass irgendwelche Missionare im Auftrag des Herrn eine Monopolposition für das Bett gefordert hätten. Im Gegenteil: Der Kontakt mit den weißen Männern und Frauen – mögen sie nun Missionare gewesen sein oder nicht – erweiterte das Zärtlichkeitsrepertoire der Insulaner mehr, als dass er es eingeschränkt hätte.

So sehen Freisprüche aus.

Verglichen mit den sonstigen Debatten auf dem weiten Feld der Sexualwissenschaft ist die falsche Patenschaft für den Begriff ›Missionarstellung‹ sicher nur eine kleine Verirrung, die auf die generelle Orientierung kaum einen bleibenden Einfluss behielt.

Bezeichnend aber ist doch, mit welcher Leichtigkeit gläubigen Menschen – und allemal christlichen Missionaren – die Rolle des Spielverderbers zugeschoben werden kann, wenn es um Liebe, Lust und Leidenschaft geht. Da wird dann etwa mit wissendem Seitenblick auf den Vatikan und dessen hilflose Kanalisierungsversuche menschlicher Sexualität die Meinung vertreten, das Christentum sei im Grunde nichts anderes als eine Religion für verklemmte Spießer. Besonders gegenüber dem Papst und seinen Kardinälen besteht zudem häufig der nicht ganz unbegründete Verdacht, dass niemand in dieser greisenhaften Männergruppe aus eigener Erfahrung auch nur im Entferntesten beurteilen könne, was es im Alltag bedeutet, die Unauflöslichkeit der Ehe zu verordnen oder den Gebrauch empfängnisverhütender Mittel zu verdammen.

Doch mit der vermeintlichen – und manchmal leider auch tatsächlichen – Lustfeindlichkeit des Christentums ist nur das eine Extrem dessen angegeben, wie sich Religionen zum Sex in all seinen Spielarten stellen können. Auch den anderen Pol gibt es, und er wird gern mit dem bunten Reiz von etwas Exotik aufgehübscht. Allein die Liste der Stellungsangebote des Kamasutra mit ihren klangvollen Namen oder die selbst angesichts einer florierenden Porno-Industrie immer noch mehr als nur gewagten Plastiken vieler indischer Tempel genügen vielfach schon, um beispielsweise den Hinduismus für westliche Augen aussehen zu lassen wie ein göttliches Angebot zur Zucht- und Zügellosigkeit.

Richtig ist in der Tat, dass alle Religionen dieser Welt von Wertvorstellungen ausgehen, die »nicht nur im Himmel, sondern auch auf Erden« zu gelten haben und die sie deshalb im Hier und Jetzt umzusetzen versuchen. Da jede Religion aber immer von einem ganzheitlichen Menschenbild ausgeht, das keine Teilaspekte der Persönlichkeit abspalten kann, neigt sie in der Regel dazu, die Beachtung der von ihr verfochtenen Werte bis in die intimsten Regungen und Handlungen ihrer Anhänger zu verlangen. Kurz gesagt: Was Gott will, hat nicht nur in der Kirche, im Tempel oder in der Moschee zu gelten, sondern auch im Schlafzimmer!

Problematisch wird diese Forderung dadurch, dass die Erkenntnis dessen, was Gott wirklich will, keineswegs immer einfach ist. Eher im Gegenteil. Dürfte es beispielsweise noch weitestgehend unstrittig sein, dass Mord und Totschlag dem göttlichen Willen widersprechen, wird es schon schwieriger, beispielsweise Gottes Standpunkt zur Unauflöslichkeit der Ehe oder zu gleichgeschlechtlichen Partnerschaften zu ermitteln.

Noch um einiges unklarer wird die Lage dadurch, dass es seit frühgeschichtlichen Zeiten vorwiegend die Männer waren, die in den meisten Kulturen die Richtung bestimmten. Dort, wo körperliche Kraft und nicht allein Geduld und Ausdauer gefragt waren, gewannen sie an Dominanz, wurden auch in einem ganz alltäglichen Sinn zu den Herren der

Schöpfung. Kein Wunder, dass sie diese Rolle auch in den meisten Religionen auszufüllen begannen, und zwar im Diesseits wie im Jenseits. Sie legten die Regeln fest, sie bestimmten, was und wie geglaubt wurde.

Als Spiegelbild der irdischen Gesellschaft waren es folglich im Himmel denn auch eher die Götter als die Göttinnen, die die Entscheidungen trafen und im Vordergrund standen. Auf der Erde lagen in schönem Gleichgewicht die entscheidenden religiösen Ämter entsprechend meist in männlicher Hand. Ausnahmen bestätigen wie immer die Regel.

Erst in allerjüngster Zeit beginnt sich dieses Bild langsam zu wandeln. Aber auch wenn sich allmählich nicht nur mit und durch die sogenannte ›feministische Theologie‹ eine Gleichbewertung der beiden Geschlechter Bahn bricht, heißt das noch lange nicht, dass nun auch in allen Religionen Männer und Frauen ihrem Herrn – oder ihrer Herrin – gleich nahe stehen.

Doch versuchen wir erst gar nicht, so lange zu warten, bis dieses Ziel erreicht ist: Die Seiten dieses Buches könnten bis dahin längst zu Staub zerfallen sein. Machen wir lieber einen Schritt zurück in der Religionsgeschichte und betrachten zunächst einmal etwas genauer, wie dort die Beziehungen zwischen Männern und Frauen gewertet wurden. Es könnte sein, dass dabei so manche Überraschung auf uns wartet. Bereits die Frage, wer eigentlich wen lieben durfte – und zu wie vielen – wurde nämlich in den verschiedenen Epochen der menschlichen Geschichte durchaus unterschiedlich beantwortet. Und manchmal ging es dabei schon etwas merkwürdig zu.

Es lebe die Familie!

Sie ist mit Sicherheit eine der bekanntesten Frauen der Weltgeschichte, und das dürfte sicherlich nicht nur darauf zurückzuführen sein, dass ihr Elizabeth Taylor für einen der ganz großen Monumentalfilme Hollywoods Gesicht und verführerischen Körper lieh. Ägyptens Königin Kleopatra ist selbst mehr als zweitausend Jahre nach ihrem selbstgewählten Ableben unvergessen: als machtbewusste Herrscherin wie auch als Frau, die den Männern reihenweise den Kopf verdrehte. Schon damals übrigens nahezu im Weltmaßstab.

Was die letzte einheimische Königin des ägyptischen Reiches jedoch für eine Auflistung religiöser Merkwürdigkeiten erwähnenswert macht, ist eher ihr privates als ihr politisches Leben. Erfüllte sie doch den Begriff der ›Geschwisterliebe‹ mit einer Bedeutung, die weit jenseits dessen liegt, was Gesetzgeber und Weltreligionen heute für angemessen halten.

Als Sechzehnjährige war Kleopatra zunächst mit ihrem neunjährigen Bruder Ptolemäos XIII. vermählt worden, mit dem sie bis zu dessen Tod vier Jahre lang das Königspaar bildete. Ohne lange Trauerzeit heiratete sie bald darauf ihren zweiten Bruder, der an ihrer Seite als Ptolemäos XIV. drei Jahre regierte. Jetzt wechselte das Verwandtschaftsverhältnis. Auf Ptolemäos XIV. folgte als Herrscher Ptolemäos XV. Caesarion nach, Kleopatras aus ihrer Verbindung mit Julius Caesar stammender Sohn. Er brachte es neben ihr immerhin auf eine Regierungszeit von vierzehn Jahren.

War Kleopatra also eine ägyptische *femme fatale* ohne jeden Sinn für Sitte und Anstand? Weit gefehlt. Mit ihren Ehen im kleinsten Kreis zeigte sich Kleopatra vielmehr durchaus im

Einklang mit ihrer Religion. Von einem Skandal am Nil konnte keine Rede sein.

Die Herrscher Ägyptens galten stets gleichzeitig als Götter und Könige. Im Hinblick auf ihr inzestuöses Eheleben konnten sie sich auf Vorbilder berufen, die den Ursprung der ägyptischen Religionsgeschichte bildeten. Schon im ägyptischen Schöpfungsmythos hatte beispielsweise Geb, der Gott der Erde, seine Schwester Nut, die Göttin des Himmels, geheiratet. Ihre Kinder Osiris und Isis hatten sich in der Folge später ebenfalls das Jawort gegeben, und so ging es weiter. Väter zeugten mit ihren Töchtern Söhne, die dann wieder ihre Mutter schwängerten oder Geschwister sorgten miteinander für Nachwuchs: In jedem Fall war Sex in einem kaum nachvollziehbaren Maß Familiensache. Wie sollte es auch anders sein, wenn die *First Family* nicht nur im Diesseits sondern auch im Jenseits diesen hohen Rang ausfüllte und jede Eheschließung außerhalb der engsten eigenen Verwandtschaft womöglich die Säulen des Himmels ins Wanken gebracht hätte.

Vor diesem Hintergrund muss auch der Satz vom Beginn dieses Abschnittes in einem weiteren Sinn verstanden werden: Natürlich war Kleopatras Liebes- und Eheleben sehr privat, gleichzeitig war es aber auch eine öffentliche Angelegenheit von höchster Bedeutung. Die ständigen Ehen von Geschwistern, Vätern und Töchtern oder Müttern und Söhnen sind vor allem als wichtiges Mittel zur Herrschaftssicherung und zur Stabilisierung des Reiches anzusehen. Ob sie damit gleichzeitig in unseren Augen auch akzeptabel werden, ist eine andere Frage. Sie lässt sich nur aus dem Zusammenhang der betreffenden Zeit und Kultur beantworten.

Wechseln wir nun aus der Wüste auf den Peloponnes. Auch hier galt der Inzest in höchsten Kreisen nicht als etwas Verwerfliches. Auf dem Olymp, dem Götterberg des klassischen Griechenlands, sprachen die Bewohner durchaus der Liebe im engsten Familienkreis zu. Sex in der eigenen Sippe war bei ihnen normal, seit sie die Welt geschaffen hatten.

So schenkte die aus dem Chaos entstandene Erdgöttin Gaia aus sich selbst dem Uranos das Leben, dem Himmel. Beide wurden sie dann zu den Eltern der Titanen, von denen die Geschwister Kronos und Rhea wiederum Zeus und Hera auf die Welt brachten, die als Bruder und Schwester ebenfalls die Ehe eingingen.

Zeus erwies sich schnell nicht nur als mächtigster aller Götter, er ließ auch an seiner Zeugungskraft keinen Zweifel – eine Verbindung zwischen Kopf, Arm und Unterleib, die auch von modernen Potentaten immer noch gern betont wird. Der Götterfürst hatte jedenfalls nicht nur mit seiner Gattin Hera mehrere Kinder, sondern er zeugte zusätzlich mit diversen göttlichen oder menschlichen Geliebten eine kaum überschaubare Zahl von Söhnen und Töchtern. Und damit noch nicht genug: Außerdem fand er noch Zeit für göttlichen Sex mit seiner Schwester Demeter und ließ auch seine Tochter Persephone nicht gänzlich unbeachtet.

Wie bei einer solchen Familiengeschichte zu vermuten, fanden die Sprösslinge aus den Verbindungen des Göttervaters später mitunter auch selbst in Liebe – oder wenigstens in Lust – zueinander. Bei seiner ausnahmsweise ehelichen Tochter Hebe, die auf den wolkenumkränzten Höhen des Olymps die trinkfreudige Götterrunde mit Wein zu versorgen hatte, stiftete er sogar höchstpersönlich die Ehe mit seinem Sohn Herakles. Als Halbgott entstammte er Zeus' Verbindung mit der menschlichen Königstochter Alkmene, der er sich wie ein himmlischer Gigolo in Gestalt ihres Gatten Amphitryon mehr als nur genähert hatte.

Erneuter Orts- und Religionswechsel. Liebe und Sex unter Mitgliedern der eigenen Familie ist auch dem Alten Testament der Juden und Christen keineswegs fremd. Nicht immer entspringt der später ›Blutschande‹ genannte Akt hier allerdings dem Wollen oder der Wolllust der handelnden Personen. Vor allem zu Beginn der Schöpfungsgeschichte war die Liebe zwischen Bruder und Schwester geradezu zwingend: Wenn unsere Welt wirklich mit einer menschlichen Minimalbesatzung von nur zwei Personen gestartet wurde, ließ sich zum Zwecke der Fortpflanzung schließlich gar keine andere Lösung denken als die Zuwendung zur eigenen Verwandtschaft.

Generationen später stellte sich die Lage freilich anders dar. Doch auch jetzt kommt es zu inzestuösen Beziehungen, von denen besonders eine in der Bibel ausführlich geschildert wird. Manch einen mag dabei überraschen, dass es in dieser Geschichte ausnahmsweise einmal nicht die Männer sind, von denen die Initiative ausgeht.

Im 1. Buch Mose, das auch unter dem Namen Genesis bekannt ist, finden wir eine Gruppe von drei Menschen in einer Einöde unweit der beiden berühmten Städte Sodom und Gomorra. Oder vielmehr: unweit ihrer rauchenden Reste. Gott hatte die Orte zur Strafe für den in jeder Hinsicht verdorbenen Lebenswandel ihrer Bewohner nämlich so gründlich zerstört, dass ihre Überreste bis heute nicht gefunden werden konnten. Einzig die Familie Lots, eines Neffen des biblischen Stammvaters Abraham, war von ihrem Herrn aus dem flammenden Inferno gerettet worden: Vater, Mutter und zwei Töchter.

Leider ist die Familie im Moment aber nicht mehr ganz vollständig. Lots Frau, deren Name in der Bibel nicht erwähnt wird, wurde auf der Flucht aus dem Inferno in eine Salzsäule verwandelt. Voll unbezähmbarer Neugier hatte sie dem göttlichen Gebot nicht gehorcht, sich nicht umzudrehen. Ihr letzter Blick auf ihre Heimatstadt kostete sie das Leben: Der Gott des Alten Testamentes ließ schließlich nicht mit sich spaßen!

Lots zwei Töchter konnten diese Ereignisse natürlich nicht unberührt lassen. Es ist davon auszugehen, dass sie aufs Äußerste verwirrt waren: Erst eine versuchte Vergewaltigung durch einen vielköpfigen Mob, dann die Zerstörung ihres Zuhauses und schließlich der Verlust ihrer Mutter: Eindeutig zuviel für zwei Heranwachsende.

Körperlich hatten sie zwar keinen Schaden erlitten, aber in ihrer Psyche schien einiges in Unordnung geraten zu sein. Allein mit ihrem Vater saßen sie nun jedenfalls in den Höhen eines Gebirges, und nach den Angaben der Bibel hatten sie in Anbetracht ihrer prekären Situation eher abwegige Sorgen: Weit und breit war für sie kein heiratsfähiger und -williger Mann in Sicht! Alle für sie in Frage kommenden Schönlinge waren im sündigen Sodom zusammen mit ihrer Stadt untergegangen, und an die Burschen der Stadt Zoar, in der sie zunächst Zuflucht gesucht hatten, verschwendeten sie aus unbekannten Gründen keinen Gedanken!

In dieser Lage verfielen sie auf einen abenteuerlichen Plan, um an Nachwuchs für sich und ihre Familie zu kommen. Die Ältere schlug der Jüngeren ohne vorgetäuschte Zurückhaltung vor: »Komm, wir wollen unseren Vater heute Nacht mit Wein abfüllen und uns dann zu ihm legen, damit wir von ihm Nachkommenschaft erhalten!« (1. Buch Mose 19,32)

Der augenscheinlich ebenso wie sein naher Vorfahre Noah dem Alkohol alles andere als abgeneigte Lot merkte nicht, welch böses Spiel seine beiden Töchter mit ihm trieben. Sturzbetrunken, aber dadurch in seiner Zeugungsfähigkeit merkwürdigerweise nicht im Mindesten behindert, schlief er zwei Nächte hintereinander mit den jungen Frauen und sorgte so für den von ihnen ersehnten Nachwuchs. Über seine von Vater zu Tochter gezeugten Söhne Moab und Ammon wurde Lot damit zum Stammvater der Moabiter und Ammoniter.

Bemerkenswert an dieser nach heutigen Maßstäben äußerst unmoralischen Geschichte ist vor allem, dass sich vor dem Erlass der Zehn Gebote am Berg Sinai offenkundig niemand am Lotterleben namhaften biblischen Personals störte. Weder regte sich im himmlischen Herrn sein berühmter Zorn, der immerhin nur wenig zuvor ja nahezu eine ganze Welt im Dauerregen ertrinken ließ, noch hatten die Töchter irgendwelche sittlichen Schuldgefühle. Nicht einmal ihr Vater wunderte sich zu gegebener Zeit auch nur im Geringsten über das plötzliche Auftauchen zweier Nachkommen. Dabei konnten allein mangels Masse keine sonstigen Täter als Erzeuger in Frage kommen, was für Moabs und Ammons Existenz außer der bis zu diesem Zeitpunkt unbekannten Jungfrauengeburt nur eine einzige – und für ihn als Vater seiner Töchter eher peinliche – Erklärung übrig ließ.

Auffällig auch: Nicht einmal der biblische Autor fand den praktizierten Inzest so belangreich, dass er über ihn auch nur ein Wort des Unbehagens oder Tadels verloren hätte. Angesichts der Tatsache, dass Frau Lot nur neun Monate früher allein wegen einer vorwitzigen Kopfbewegung ihr Leben als Stalagmit beenden musste und im Gefolge dieser beiden Schwangerschaften so gar keine göttliche Strafe verhängt wurde, muss diese Verschwiegenheit überraschen.

Eine Erklärung für dieses aus heutiger Sicht augenfällige Missverhältnis gibt es allerdings doch. »Seid fruchtbar und mehret euch!«, lautet sie, die göttliche Weisung.

Für die Juden der damaligen Zeit war es wichtig, als Volk nicht wegen fehlender Nachkommenschaft zu verschwinden oder, vielleicht schlimmer noch, in den Nachbarvölkern aufzugehen. Man wollte eben unter sich bleiben.

Hinter dem strategischen Fortpflanzungsanreiz verbirgt sich indes kaum eine grundlose Überheblichkeit gegenüber den Nachbarvölkern Israels, obwohl die in gewissem Ausmaß ebenso anzutreffen gewesen sein dürfte. Die Religion spielt hier eine wesentliche Rolle. Nicht nur das Sein bestimmt eben manchmal das Bewusstsein, sondern auch das Beten.

Abraham und seine Nachkommen hatten den Glauben an einen von einer Vielzahl von Göttern bewohnten Himmel allem Anschein nach ein für alle Mal überwunden. Die Glaubenswelt der Kanaaniter, denen sie danach begegneten, musste ihnen deshalb so fremd vorgekommen sein, wie einem strenggläubigen christlichen Missionar das ausgelassene Fest einer Stammesreligion mitten auf einem staubigen afrikanischen Dorfplatz.

Die Kanaaniter beteten Baal an, den Gott des Regens und der Fruchtbarkeit, und sie taten dies in ihren Tempeln anscheinend nicht nur mit harmlosen folkloristischen Regentänzen. Geschlechtsverkehr mit unterschiedlichen Partnern gehörte zum normalen Repertoire ihres Glaubenslebens. Für die Juden, die Sexualität und Gottesanbetung strikt auseinander hielten, mag das auf einer eher vordergründigen Ebene einen gewissen Reiz besessen haben; was sie menschlich – oder vielleicht auch nur männlich – anregen konnte, musste sie religiös indes abstoßen.

Viele der bis ins Einzelne gehenden Ge- und Verbote, mit denen die jüdische Sexualität in Gottes Namen geregelt wurde, sind vornehmlich als religiöser Gegenschlag gegen den in jüdischen Augen hemmungslosen Sex zu erklären, auf den sie in den Tempeln Kanaans und andernorts in den frühgeschichtlichen Kulturen des Vorderen Orients trafen. Ihren Gott sahen die verstörten Juden dabei vollkommen auf ihrer Seite, hatte er doch in ihrer heiligen Schrift angeordnet: »Ich bin Jahwe, euer Gott! Ihr dürft nicht tun, was man in Ägypten tut, wo ihr gewohnt habt, und auch nicht das, was man in Kanaan tut, wohin ich euch bringe. Ihr dürft nicht nach ihren Sitten leben.« (3. Buch Mose, 18, 2f)

Teuflische Lust

Im Jahr des Herrn 2009 wurde Englands Katholiken Hilfe in Sexualfragen zuteil. Vielleicht nicht unbedingt von ganz oben, aber doch mit einiger Autorität. Sollten nicht nur in der jüngsten Zeit vatikanische Verlautbarungen zur Sexualethik manche Anhänger der katholischen Kirche in Großbritannien etwas verunsichert haben, so brauchen sie sich jetzt nicht mehr von allen guten Geistern verlassen fühlen. Weder in ihrem Schlafzimmer noch sonst irgendwo. Verlässliche Orientierung in vielen Liebes- und Lebenslagen kann ihnen seit neuestem ein Buch bieten, das in einem Traditionsverlag mit dem viel versprechenden Namen *Catholic Truth Society* erschienen ist.

In diesem Gebetbuch findet sich unter anderem ein Text,

der nach dem Willen der Verfasser von katholischen Paaren vor dem Liebesakt gebetet werden soll. Nach Auskunft des Verlages sei es Sinn dieses Gebetes, den Liebenden zu helfen, ihre Absichten vor allem von Egoismus und reiner Genusssucht »zu reinigen«. Im Weiteren wird Gott gebeten, im Paar, das ihn anruft, »die Liebe zu pflanzen, die wirklich gibt; Zärtlichkeit, die wahrhaft verbindet; Hingabe, die die Wahrheit sagt und nicht betrügt«.

Bisher liegen allerdings noch keine Angaben darüber vor, ob bei diesem Gebet eventuell mit gravierenden Nach- und Nebenwirkungen zu rechnen ist. Unter die wirksamen Aphrodisiaka dürfte es jedenfalls ebenso wenig zu rechnen sein wie unter Sexualhilfsmittel im engeren – technischen – Sinn. Unbekannt ist gegenwärtig auch noch, ob ergänzend zur ›Zigarette danach‹ – oder vielleicht gar an ihrer Stelle – in Zukunft auch ein ›Gebet danach‹ zu erwarten ist. Wobei ja sowohl Dank- wie auch Bittgebete verschiedensten Inhaltes infrage kommen dürften.

Doch genug des Spotts. Es ist in der Tat anzuerkennen, dass sich die Kirchen inzwischen immer stärker als Helfer begreifen, die sich der ganz konkreten irdischen Sorgen und Nöten der Menschen annehmen und sie nicht nur auf ein besseres Jenseits vertrösten. Wenn sie dabei nicht in jedem Fall den richtigen Ton treffen, mag man ihnen das nachsehen: Gerade bei einem katholischen Verlag ist die Wahrscheinlichkeit schließlich recht groß, dass die Verfasser von Gebeten zum Beziehungsalltag Praxis und Probleme nicht unbedingt aus eigener Anschauung kennen.

Dabei haben die Religionen sich schon immer eingemischt. Zwei Extrempositionen sind dabei deutlich erkennbar: Auf der einen Seite wird dabei die Sexualität als Konkurrenz und Ersatz für eine Religion geschmäht oder sogar als satanisches Werkzeug verdammt, das die Menschen von ihrem eigentlichen Heil entfernen soll. Am anderen Ende der Skala wird ein ausschweifendes Sexualleben dagegen zu einem wichtigen, in Ausnahmefällen sogar zum wesentlichsten Teil einer spirituellen Praxis befördert.

Ein Beispiel für eine Religion, die jede körperliche Lust als ein heimtückisches Geschenk des Teufels ablehnte, sind die Katharer, die nach einem ihrer Zentren in der südfranzösischen Stadt Albi auch als Albigenser bezeichnet werden. Ihr Glaube war zwischen dem 12. und dem 14. Jahrhundert hauptsächlich im Süden Frankreichs, aber auch in Italien, Spanien und Deutschland verbreitet.

Die Katharer, deren Name sich vom griechischen Wort ›katharós‹ ableitet und ›die Reinen‹ bedeutet, waren eine religiöse Laienbewegung von beträchtlicher Strenge und Standhaftigkeit. Ihre Mitglieder hielten sich für die einzig wahren Christen. Einträchtigkeit war mit dieser ohnehin nicht gerade bescheidenen Selbsteinschätzung allerdings offenbar nicht verbunden, denn die Bewegung spaltete sich schnell in verschiedene Sekten und Richtungen auf. Ein Großteil ihrer Lehren, die Christus beispielsweise nur als Sendboten und nicht als Sohn Gottes gelten ließen, stand von Anfang an im völligen Gegensatz zu denen der katholischen Kirche. So vertrat der besonders radikale Flügel der Katharer, die sogenannten ›Dualisten‹, etwa die Meinung, dass Gott und der Satan zwei ungefähr gleich mächtige Geistwesen seien, von denen Gott den Himmel, die Engel, die menschlichen Seelen und überhaupt die geistige Welt geschaffen habe, während die irdische, sichtbare Welt allein als Werk des Teufels anzusehen sei. Sie war lange vor entsprechenden amerikanischen Einlassungen das Reich des Bösen, in dem aber glücklicherweise alles vergänglich war. Der Himmel war dagegen das ewige Reich des guten Gottes (›le bon dieu‹), der Gerechtigkeit und Wahrheit ausstrahlte wie die Sonne das Licht.

Kinder in diese von ihnen als ausschließlich böse und verderbt empfundene Welt zu setzen, wurde von den Katharern folglich konsequenterweise abgelehnt. Zudem meinten sie aus der Bibel herauslesen zu können, dass Adam und Eva im Paradies trotz ihrer Nacktheit zunächst völlig ohne jede sexuellen Gelüste gelebt hätten. Die kamen ihnen erst, nachdem sie der Teufel in Gestalt der Schlange am Baum der Erkenntnis zur Sünde verführt hatte. Vorher war eine Vermehrung auf geschlechtlichem Weg auch gar nicht nötig gewesen.

Jeglicher Sex galt den Katharern als anstößig und unrein. Dabei spielte es keine Rolle, ob er innerhalb oder außerhalb der Ehe stattfinden sollte, da diese Einrichtung ohnehin zu vermeiden war. Eheleute, so meinten sie mit nicht gerade erotischem Feuer, sollten sich am besten ganz trennen oder zumindest doch enthaltsam leben.

Das Ideal unter gläubigen Katharern war eindeutig der Mann oder die Frau ohne Unterleib. Zeugung und Geburt wurden als ekelhafte Akte voller Schmutz und Peinlichkeit empfunden. Entsprechend galt es in den Kreisen der Reinen bereits als schwere Sünde, eine Frau mit den Augen sexuellen Verlangens anzusehen.

Die katholische Kirche, die in den Jahrhunderten vor der Reformation mit aller Entschiedenheit das Monopol auf das Christentum für sich beanspruchte, reagierte auf die neue Bewegung mit aller Härte. Mochten bei manchen ihrer Theologen für die albigensische Ablehnung einer lustvollen Sexualität auch noch gewisse Sympathien herrschen, so konnte sie die anderen Lehren der radikalen Konkurrenz unmöglich hinnehmen.

Und so kam es, wie es kommen musste. Der Begriff ›Katharer‹ verwandelte sich sehr schnell in ›Ketzer‹, mit denen die vatikanische Kirche bis dato noch nie langen Prozess gemacht hatte. Als der päpstliche Gesandte Peter von Castelnau im Januar 1208 brutal niedergestochen wurde, rief Papst Innozenz III. in Rom zu einem Kreuzzug gegen die abtrünnigen Gläubigen auf. Ungehört blieb dieser Aufruf nicht: Allein die französischen Truppen waren 25 000 Mann stark. Die Katharer verschanzten sich angesichts dieses Aufmarschs in ihren schwer befestigten Städten oder unzugänglichen Bergfestungen. Eine wirkliche Chance ließ ihnen das allerdings nicht.

Die Heere des Papstes gingen mit äußerster Grausamkeit vor. Angefeuert durch die Aussicht, den Besitz der besiegten Katharer übernehmen zu können, kannten die kirchentreuen Kämpfer kein Erbarmen; Männer, Frauen und Kinder wurden ohne Unterschied dahingemetzelt. Bei der Eroberung von Béziers im Juli 1209 antwortete beispielsweise Arnold Aimery, nicht nur Oberbefehlshaber des Belagerungsheeres, sondern pikanterweise gleichzeitig auch noch Abt von Cîteaux, auf die Frage »Wie werden wir erkennen, wen wir töten sollen?«, mit der mehr als zynischen Aufforderung: »Erschlagt sie alle! Gott wird die Seinen schon erkennen!«

Mit historischem Abstand und ohne den blutigen Eifer kirchlicher oder weltlicher Machthaber betrachtet, wäre der mittelalterliche Massenmord eigentlich gar nicht nötig gewesen. Es hätte vermutlich schon genügt, die sexualfeindlichen Katharer mit ihrer religiös begründeten Zeugungs- und Empfängnisverweigerung sich selbst zu überlassen, um alle Probleme auf stille Art und Weise zu lösen. Kann es doch nicht gerade als Wachstumsgarantie für eine religiöse Bewegung gelten, wenn jegliche natürliche Vermehrung bewusst ausgeschlossen wird und die Gläubigen stattdessen nur noch auf Wachstum durch Mission und die Werbung neuer Mitglieder setzen.

Diese ungewöhnliche Selbstbeschränkung ist ebenfalls dafür verantwortlich, dass die Bewegung der vornehmlich in Nordamerika beheimateten ›Shaker‹ den zweifelhaften Ruhm für sich in Anspruch nehmen kann, die mittlerweile kleinste Religionsgemeinschaft der Welt zu sein. Ihren Namen, der auf Deutsch ›Schüttler‹ oder ›Zitterer‹ bedeutet, verdankt diese Kirche einem rituellen Schütteltanz während ihrer Gottesdienste, und eigentlich ist es ein Spottname: Korrekt firmieren die Shaker unter ›United Society of Believers in Christ's Second Appearing‹ (Vereinigte Gemeinschaft von Gläubigen an das zweite Erscheinen Christi).

Im Juni des Jahres 2008 bestand diese im 18. Jahrhundert im englischen Manchester von der Tochter eines Schmieds gegründete Religionsgemeinschaft weltweit nur noch aus vier Mitgliedern. Es ist wahrscheinlich, dass die Shaker damit zwar einen sicheren Platz auf der roten Liste der vom Aussterben bedrohten Religionen beziehen konnten, inzwischen könnten sie ihn jedoch schon wieder verloren haben: Trotz ihres höchst moralischen und arbeitsamen Lebens sind auch Shaker nicht unsterblich.

Für Shaker gelten Fleiß, Kreativität und Sorgfalt bei jeder Arbeit als hohe irdische Tugenden. Ihr Wahlspruch ›Hands to Work and Hearts to God‹ (Die Hände bei der Arbeit und die

Herzen bei Gott) deutet dabei schon an, dass ihre Gottesverehrung sich nicht in rhythmischen Zuckungen erschöpft. Vor allem ihre handwerklichen Leistungen sind berühmt; ein nach ihnen benannter Stil funktioneller Möbel gilt als einflussreicher Beitrag zur Kunstgeschichte, der in Architektur und Design bis heute nachwirkt. Der Schaukelstuhl, der das *Oval Office* von Präsident Kennedy schmückte, ist für ihn vielleicht das berühmteste Beispiel.

Shaker sind Pazifisten, die jeglichen Kriegsdienst ablehnen, und sie glauben an die grundsätzliche Gleichheit aller Menschen wie aller Völker. Sie könnten sprichwörtliche ›Gutmenschen‹ sein, deren Verbreitung über die Erde viele der irdischen Probleme lösen könnte, leider steht dem jedoch einer ihrer Glaubensgrundsätze massiv im Wege: Shaker leben zölibatär, und jeglicher Geschlechtsverkehr ist für sie undenkbar.

Dass sie bei dieser Negativbeziehung zu körperlicher Liebe nicht längst ausgestorben sind, verdanken sie ihrer Nächstenliebe. Sie waren über lange Zeit für ihre Fürsorge für Waisenkinder bekannt, die in ihre Gemeinschaften aufgenommen wurden. Viele von ihnen entschieden sich später, mit dem Eintritt des 21. Lebensjahres nicht die Gemeinden zu verlassen, sondern zu dem ihnen inzwischen ans Herz gewachsenen Glauben zu konvertieren.

Mit dem Aufkommen staatlicher Sozialpolitik begann dieser verhältnismäßig starke Zufluss neuer Mitglieder allerdings auszutrocknen. Durch unerbittliche eigene Lehren davon abgeschnitten, auf quasi ›normalem‹ Weg an Nachwuchs zu kommen, konnten die Shaker nur noch darauf hoffen, dass sich bis dato skeptische Erwachsene ihnen und ihrem Glauben in stärkerer Zahl zuwenden würden. Angesichts einer fünfjährigen Probezeit und des Verzichts nicht nur auf persönlichen Reichtum, sondern auch auf Ehe und Familie im herkömmlichen Sinn, standen die Chancen dafür jedoch ähnlich schlecht wie bei den meisten Orden der katholischen Kirche.

Wenn sich Glauben und Sex nicht vertragen, scheint das zumindest einer von beiden Seiten in der Regel nicht zu bekommen. Und wie leicht vermutet werden darf, ist es durchaus nicht immer die Sexualität, die dann auf der Verliererseite steht.

Was aber passiert, wenn gelebter Sex quasi zum göttlichen Prinzip erhoben wird? Bringt das eine Religion zum Blühen? Ein Blick nach Indien hilft, diese Frage zu beantworten.

Göttliche Lust

Der kleine Flughafen ändert kaum etwas an der Abgeschiedenheit des Ortes. Auch auf die verbindende Kraft der Eisenbahn zu setzen, scheint keine erfolgversprechende Strategie zu sein: Der nächste Bahnhof ist mehr als 60 Kilometer entfernt. Es lässt sich nicht verhehlen: Wer hier wohnt, ist weit entfernt von allen Zentren dieser Welt.

Von dem kleinen Ort mitten in den Ebenen Zentralindiens hätte unter normalen Umständen schon ein paar Kilometer weiter wahrscheinlich kaum jemand je gehört. Da in der verhältnismäßig knappen Zeit zwischen 950 und 1050 aber einige regionale Herrscher von der Idee besessen waren, ihre einschlägigen Träume in Stein hauen zu lassen, ist aus dem abgelegenen Kaff mittlerweile eine Sehenswürdigkeit von weltweitem Ruf geworden. Das indische Khajuraho mag geographisch tiefste Provinz sein, erotisch gehört es zu Metropolen auf unserem Globus.

Haupt- und einzige Sehenswürdigkeit von Khajuraho sind seine hinduistischen Tempel. Ihr Figurenschmuck dürfte auch Besucher fesseln, die der reichen Glaubens- und Bilderwelt fernöstlicher Religionen sonst eher fern stehen. Die 22 zum Teil riesigen Gebäude, die von einem ausgedehnten Tempelkomplex von einst 88 Bauten übrig geblieben sind, sind über und über mit Plastiken geschmückt, für die ›freizügig‹ eine farblose Beschreibung wäre.

Während in der mittelalterlichen indischen Kunst die Darstellung liebender Paare schon vorher als üblicher Tempelschmuck galt, widmet sich Khajuraho jetzt dem Thema der geschlechtlichen Vereinigung in einer Ausführlichkeit und Drastik, die selbst abgebrühten westlichen Touristen die Schamesröte ins Gesicht treiben würde, wenn sie nicht ohnehin durch Hitze und Sonne entsprechend gezeichnet wären. Nach den Jugendschutzgesetzen unserer Breiten wäre bei dieser Form von Tempelkunst mindestens eine Altersbeschränkung ›freigegeben ab 18 Jahren‹ fällig.

Religiöser Hintergrund des steinernen Sexlebens von Khajuraho ist der im Hinduismus wie im Buddhismus gleichermaßen verankerte Tantrismus, der mittlerweile auch in Europa und Amerika dafür gesorgt hat, dass esoterische Anbetungsrunden nicht zwangsläufig zu blutleeren Veranstaltungen geraten müssen. Im Tantrismus wird praktizierter – und nicht nur verschämt angedeuteter – Sexualität vielmehr eine zentrale Bedeutung für die Annäherung an das Göttliche zugemessen. Khajuraho lässt in seinen Darstellungen wohl kaum eine Möglichkeit der Vermittlung und des Empfangs sexueller Lust aus, und das dürfte unbedarften Betrachtern mehr als genug Grund für die durchaus falsche Annahme bieten, das Indien um die Wende des ersten Jahrtausends sei nicht mehr und nicht weniger gewesen als ein auf subkontinentale Größe aufgeblasenes St. Pauli.

Wenn kühler Calvinismus die Religion der Börsen ist, ist Tantrismus dann das Bekenntnis für den Swingerclub?

Ganz so einfach ist es natürlich nicht. Genau genommen ist es sogar so kompliziert, dass Freunde besonders schlichter Erklärungen die Absätze bis zur nächsten Zwischenüberschrift vielleicht einfach überschlagen sollten. Danach geht es dann dafür besonders handfest weiter.

Doch nun zurück zum Tantrismus. Auch wenn diese religiös-philosophische Strömung in manchen westlichen Augen Erotik und Esoterik bis zur Unkenntlichkeit miteinander zu verschmelzen scheint und die Ratschläge des im dritten Jahrhundert unserer Zeitrechnung verfassten Kamasutra inzwischen in so vielen Fassungen vorliegen, dass es fast den Anschein hat, als könne man mit ihnen allein ganze Bibliotheken füllen, war Indien stets ein sittenstrenges Land. Und das ist es bis heute geblieben.

Gegen die moralischen Maßstäbe der berühmten Spielfilme aus Bollywood wirkt jede Vorabendserie des Deutschen Fernsehens wie eine pornographische Produktion, deren Darsteller ihre Kunst hauptsächlich unter der Bettdecke ausüben.

In Indien, wo immer noch drei Viertel der Bevölkerung auf dem Lande leben, trägt die Gesellschaft nach wie vor ein konservatives Gesicht. Ihre Kernzelle ist die von Männern dominierte Großfamilie, in der es für die Frau nach wie vor die höchste Erfüllung darzustellen hat, ihrem Mann einen Sohn zu schenken. Soweit nicht schon Standards des weltlichen Westens die Moral bestimmen, gilt gerade in Bezug auf Partnerschaft, Ehe und Sexualität brahmanisches Gedankengut, das einen starken Hang zu Verzicht und Askese besitzt, vielfach immer noch als die ›herrschende Meinung‹ in religiösen und ethischen Fragen.

Der Tantrismus bietet dazu ein Gegenprogramm, dessen Wurzeln in einer Zeit weit vor Hinduismus oder Buddhismus liegen. Den alles vergessenden Liebesakt versteht ein Tantriker als Chance, sich dem Göttlichen anzunähern.

»Wenn es den Körper nicht gäbe, wie könnte man dann Glückseligkeit erreichen?« ist eine der typischen Fragen des Kundalini-Yoga, das im Tantrismus eine wichtige Rolle spielt. Bei ihm soll der Yogi die Kraft des Gottes Shiva in sich aktivieren. Sie wird als eine am unteren Ende der Wirbelsäule ruhende Schlange gedacht, die durch den Körper aufsteigt, um schließlich aus dem Schädeldach auszutreten und in diesem Moment dem Yogi Momente höchsten Glücks zu schenken. Mit den simplen Lustvermehrungstechniken mancher schmuddeliger Sexratgeber hat eine solcherart erreichbare Ekstase nicht einmal mehr den Namen gemeinsam.

Diese fast bis in die Abstraktion getriebene Erotik und die teilweise nach gymnastischer Körperbeherrschung verlangenden Positionen der Tempelfriese sind mit ihrem komplizierten philosophischen Hintergrund nie Selbstzweck. Sie sind eher wie anspruchsvolle religiöse Übungen mit – zugegebenermaßen – höchst willkommenen Nebenwirkungen zu verstehen.

›Just for fun‹: Das ist für einen überzeugten Tantriker ebenso zu wenig wie eine für ihn immerhin mögliche Lizenz zur freien Liebe. ›Just for fun‹: Das gilt allerdings ebenso wenig für eine andere Erscheinungsform der Sexualität, die Lust und Religion auf besonders bizarre Art und Weise miteinander verbindet.

Käuflich für den Kult

Seien wir realistisch: Alles Klagen über sich immer mehr leerende Kirchen hätte wahrscheinlich schlagartig ein Ende, wenn sich irgendwo im Neuen Testament ein paar versteckte Zeilen finden ließen, die der Einführung einer religiösen Praxis das Wort redeten, wie sie beispielsweise im alten Babylon existiert haben soll. Gemeint ist die Tempelprostitution, den mehr oder minder kultischen Beischlaf im göttlichen Auftrag.

Und seien wir ein zweites Mal realistisch: Aus diesem namentlich für manchen dem Kirchgang entwöhnten Mann sicher äußerst attraktiven Plan wird wohl nichts. Jesus hat sich zwar während seines irdischen Wandels ohne jede Scheu mit Prostituierten abgegeben, ihre Liebesdienste mit seiner Religion der Liebe zu verwechseln oder gar zu vermengen, wäre ihm jedoch nie in den Sinn gekommen. Seine Sache war es, theoretisch und praktisch für die Achtung von Frauen zu wirken, nicht sie – wodurch auch immer – körperlich oder seelisch herabzusetzen.

Zu dieser Abwertung dürfte es aber trotz des gewissermaßen heiligen Bodens, auf dem sie stattfand, bei der Tempelprostitution oft gekommen sein. Sie war zwar in keiner Epoche der Vergangenheit die Regel, andererseits gab es sie auch keinesfalls so selten, dass man von einer absoluten Ausnahme sprechen müsste. Das, was man als theologisch fundierte Form des außerehelichen Geschlechtsverkehrs bezeichnen könnte, war im bereits erwähnten Babylon anscheinend ebenso anzutreffen wie im alten Ägypten, auf Zypern und sogar in Griechenland, in Indien oder China. Begründet wurde diese Käuflichkeit für den Kult häufig damit, dass sie die irdische Körperlichkeit der Sexualität mit der doch sehr himmlischen Spiritualität verbinden könne. Während der Unterleib fest auf der Erde blieb, richtete sich der Kopf gen Himmel.

Wegen dieser zumindest behaupteten Verbindung von Himmel und Erde sollen beispielsweise babylonische Frauen gezwungen gewesen sein, vor ihrer Heirat dem örtlichen Tempel für eine gewisse Zeit ihre Körper zum Kauf anzubieten. Wie lange das der Fall zu sein hatte, lässt sich nicht mehr mit Sicherheit sagen. Der griechische Geschichtsschreiber Herodot berichtet aber, dass ihre sexuelle Pflicht mit einem einzigen Mal der körperlichen Hingabe erfüllt worden sei. Sie hatten dabei im Tempel oder seinem Vorhof auf einen ihnen nicht bekannten Freier zu warten, der ihnen als Zeichen seiner Wahl eine Münze in den Schoß warf. Sie war gewissermaßen das Eintrittsgeld für eine männliche Nacht voller Seligkeit, in der die Frau verpflichtet war, alle Wünsche ihres Freiers ohne Widerworte zu erfüllen.

Das Geld, das mit diesen unmoralischen Angeboten verdient wurde, ging ohne jeden Abzug für die Frauen in den Tempelschatz ein. Nicht nur angesichts dieser einseitigen Verteilung braucht es nicht viel Phantasie um sich vorzustellen, dass die Priester als eine Art göttlich gerechtfertigte Zuhälter durch den tempeleigenen Liebesmarkt höchst willkommenen Gewinn einstreichen konnten: Einerseits vermehrten sie mit diesen Einnahmen ohne größeren persönlichen Einsatz ihren eigenen Reichtum, andererseits sicherten sie ihre gesellschaftliche Stellung auch dadurch ab, dass sie der männlichen Bevölkerung – und nur die galt etwas – ein ebenso akzeptiertes wie angenehmes Ventil für politischen und privaten Druck verschafften.

Trotz verhältnismäßig dünner Quellenlage spricht einiges dafür, dass es religiös geforderte und geförderte Prostitution gegeben hat und dass diese Verbindung von religiösen Kulten mit realem Geschlechtsverkehr eine sehr alte Erscheinung ist. Tempelprostitution dürfte es sogar schon vor ihrem weltlichen Gegenstück gegeben haben. Der moderne Markt der Körper hat sich mutmaßlich erst aus religiösen Vorformen entwickelt. Bis der banale Strich gezogen werden konnte, auf dem heute unzählige Frauen auf der ganzen Welt herumtänzeln, musste sich die irdische Lust zunächst einmal von der Last himmlischer Rechtfertigung befreien. Das sogenannte ›älteste Gewerbe der Welt‹ dürfte bei genauerer Betrachtung deshalb kaum eine Chance auf diesen Titel haben: Bevor die Mädchen auf die Straße gingen, gingen zunächst einmal die Männer in den Tempel. Oder in die Höhle zu ihren Wandmalereien.

So alt sie auch sein mag, vollständig abgeschlossen ist die Geschichte der Tempelprostitution übrigens immer noch nicht. Als die Frauen entwürdigende religiöse Praxis existiert sie noch immer in manchen Kulturen und Gesellschaften. So weisen etwa namhafte Hilfsorganisationen wie beispielsweise die Kindernothilfe darauf hin, dass bis in die Gegenwart in Indien Frauen und Mädchen in hinduistischen Tempeln faktisch als Prostituierte arbeiten müssen. Angehörige bestimmter Kasten, so ihre Erkenntnisse, hätten unter dem Vorwand, »Dienst für die Götter« zu leisten in Wirklichkeit doch nur Mitgliedern höherer Kasten zu (Liebes-)Diensten zu sein. Überdies wird berichtet, dass jungfräuliche Mädchen der Göttin Mathamma geweiht würden, indem ein Priester – in der Regel wahrscheinlich gegen ihren Willen – mit ihnen den Geschlechtsverkehr vollzieht. Danach müssten sie nicht nur symbolische Tempeltänze darbieten, sondern auch ganz real den Männern ihres Ortes im Tempel sexuell gehorchen. Ihr Status als einer Göttin geweihte Huren schützt sie nach den Angaben der anklagenden Organisationen nicht im Mindesten vor sozialer Ächtung: Wenn sie herangewachsen seien, sei zwar ihr Missbrauch im Tempel beendet, der Weg in ein Leben ohne Beobachtung und auf sie gerichtete Finger bleibe ihnen aber trotzdem versperrt. So sei es ihnen verboten zu heiraten, ebenfalls dürften sie keine Kinder zur Welt bringen.

Um Sex zwischen Himmel und Erde geht es auch bei einem anderen Brauch, der in der Wissenschaft unter dem griechischen Begriff ›Hieros Gamos‹, d. h. ›Heilige Hochzeit‹, heimisch geworden ist. In ihm wird die Verbindung zwischen der himmlischen und der irdischen Sphäre nicht nur symbolisch dargestellt, sondern auch im kultischen Geschlechtsverkehr zwischen dem Herrscher und einer Priesterin ganz real vollzogen. War mit ›Hieros Gamos‹ zunächst einmal allein die für Menschen auf der Erde nicht wahrnehmbare Verbindung zwischen Göttinnen und Göttern in himmlischen Höhen gemeint, wurde dieser Begriff später auch auf bestimmte Kulte und die dazugehörigen Handlungen auf der guten alten Erde übertragen.

In den Kulturen der Sumerer und Akkader im Vorderen Orient bestand die Heilige Hochzeit in einem tatsächlichen

Geschlechtsakt zwischen dem Herrscher und der Hohepriesterin. Beide repräsentierten dabei Gott und Göttin.

In der sumerischen, im südlichen Mesopotamien gelegenen Stadt Uruk wurde beispielsweise kultischer Beischlaf durch den König und eine Priesterin praktiziert, wobei er den Gott der Vegetation und sie die Stadtgöttin repräsentierte. Ähnlich der heutigen Vereidigung der Regierungsmitglieder vor dem Parlament wurde damals die Thronbesteigung eines jeden neuen Königs mit einer solch handfesten Aktion begangen, deren Übertragung in den Zeiten moderner Live-Berichterstattung wohl sämtliche greifbaren Jugendschützer auf den Plan gerufen hätte.

Später wurden solche Rituale zum festen Bestandteil der alljährlichen Neujahrsfestlichkeiten, mit denen der Neubeginn der Natur gefeiert wurde. Eine Analogie etwa zur Neujahrsansprache des Bundespräsidenten mag da zwar zunächst nahe liegen, sie ist allerdings dennoch grundfalsch. Während nämlich eine Rede des höchsten Repräsentanten unseres Staates stets ein zwar vielleicht weltbewegendes, trotzdem aber immer nur weltliches Ereignis darstellt, ist der öffentliche Sex bei den Sumerern mehr. Ohne dass es eine Trennung von Religion und Staat gäbe, soll der grenzüberschreitende Verkehr zwischen Diesseits und Jenseits ganz praktisch für den Fortbestand der gottgewollten Ordnung sorgen. Was gut ist für den Glauben, ist auch gut für den Staat. Und umgekehrt.

Nachdem diese Zeremonie im weiteren Verlauf der Geschichte aber immer mehr an Bedeutung verlor und der Beischlaf vermutlich sehr zum Missfallen der Macho-Fraktion unter den sumerischen Männern auch nur noch symbolisch vollzogen wurde, erlebte der Himmel und Erde verbindende

Sex im Babylon der Wende vom sechzehnten zum siebzehnten Jahrhundert v. Chr. eine überraschende Wiederbelebung. Mit geradezu kitschiger Konsequenz erfolgte sie in passender Weise auf der höchsten Plattform einer Stufenpyramide, eines ›Zikkurats‹. In dieser luftigen Höhe stand eine Kammer, die die klassische Frage »Gehen wir zu dir oder zu mir?« erübrigte.

Und noch ein letztes ist bemerkenswert. Da die höchste Priesterin, die in diesem kultischen ›Chambre separée‹ die rituelle Vereinigung mit dem weltlichen Herrscher vollzog, oft gleichzeitig dessen Tochter war oder sie zumindest einer mit ihm verwandten Feudalfamilie entstammte, bedeutete diese mehr oder minder ›Heilige Hochzeit‹ in vielen Fällen einen Verstoß gegen das in fast allen Religionen geltende Inzestverbot.

Insgesamt gesehen stellt sich die ›Heilige Hochzeit‹ damit gemeinsam mit der Tempelprostitution als einer der religiösen Kulte dar, die zwar von Priestern amtlich und seriös erdacht und gerechtfertigt wurden, die aber doch eher unter die merkwürdigen Ab- und Seitenwege der Religionsgeschichte gerechnet werden können. Allein das blutige Menschenopfer mancher Kontinente und Kulturen dürfte heute auf noch größere Ablehnung unter Gläubigen wie Nicht-Gläubigen stoßen als der religiös begründete Geschlechtsverkehr mit wechselnden Partnern. Oder drastischer ausgedrückt: die Hurerei um Gottes Willen.

Mit ihr kann kein Gott das gemeint haben, was menschliches Liebesleben in allen seinen Spielarten ausmacht. Vielleicht hat er darüber aber auch großzügig hinweggesehen und sich lieber um Einzelfragen gekümmert. Schauen wir doch einmal nach …

Wo die Liebe hinfällt …

Liebe ist augenscheinlich nicht nur eine Herzenssache. Die Frage, wer denn wen wo wie lieben darf, beschäftigt oft genug außer den eigentlich Betroffenen auch katholische Priester und evangelische Pastoren, jüdische Rabbiner und muslimische Mullahs sowie Gurus jeglicher Herkunft und (Aber-)Glaubensrichtung. Jeder von ihnen sieht seinen Gott auf seiner Seite, wenn er – gebeten oder ungebeten – seine persönliche Meinung zur allgemeinen Richtschnur für die Etikette im Bette ausruft. Die Konsequenzen sind im schlimmsten Fall blutig, im besten bizarr. Schon ein kurzer Blick in die Zeitungen liefert dafür genügend Belege.

Recht unpassend für das Thema ›Liebe‹ gilt es da beispielsweise von einem neuen ›Heiligen Krieg‹ zu berichten. Nach Meldungen von Nachrichtenagenturen warnte die katholische Kirche Indiens im Herbst 2009 nämlich vor einem ›Liebes-Djihad‹, der im indischen Bundesstaat Kerala tobe. In einem merkwürdigen Kampf um die religiöse Vorherrschaft setzten radikale islamische Gruppen offenbar besonders gut aussehende junge Männer auf vielleicht nicht immer gleichermaßen attraktive Mädchen anderer Glaubensrichtungen an, um sie zur Hochzeit zu überreden. Bedingung für diese Verbindungen sei allerdings deren Übertritt zum Islam.

Die hinterhältige Charme-Offensive der ›Liebes-Kämpfer‹, die dem Vernehmen nach vor allem an Universitäten unterwegs sind, wird von der örtlichen Bischofskonferenz argwöhnisch beobachtet. Seit dem Jahr 2005 seien bereits mehr als 4000 Mädchen dem Liebeswerben erlegen und eines heiratswilligen Mannes wegen zum Islam übergetreten. Nicht nur junge Christinnen seien darunter, unter den Konvertitinnen finden sich ebenso zahlreiche Anhängerinnen des Hinduismus.

Während ein Polizeisprecher in Kerala angesichts der erotischen Drückerkolonnen immerhin von einer »weit verzweigten organisierten Bewegung« spricht, weisen muslimische Organisationen alle Vorwürfe sexuellen Trickbetrugs zurück. Ein Religionswechsel sei schließlich kein Verbrechen, argumentieren sie unter zumindest leicht scheinheiligem Verschweigen der Verhältnisse in den meisten muslimischen Stammlanden. Überdies könne und solle man auch nicht in jeder Liebesgeschichte einen erzwungenen Religionsübertritt sehen.

Wenn Leute ihres Schlages das Sagen in einer Gesellschaft haben, ist es allerdings leider häufig vorbei mit der Toleranz und Liberalität, die von den indischen ›Liebes-Djihadisten‹ noch eben so wortreich eingefordert wurde. Manchmal bekommen deshalb selbst religiöse Merkwürdigkeiten einen schalen Beigeschmack, der mit der Theologie des Islams kaum zu rechtfertigen ist.

Mit Fug und Recht bezweifelt werden darf beispielsweise, ob ein Verhalten mit dem Willen Allahs zu rechtfertigen ist, von dem zeitgleich mit der Meldung aus dem liebestollen Indien in den Netzen der Nachrichtenagenturen zu lesen war. Nach einem Korrespondentenbericht aus dem somalischen Mogadischu hat dort die radikal-islamische Miliz ›Al-Schabab‹ (›Die Jugend‹) nicht nur Kinofilme, Fußballspiele, Tänze auf Hochzeiten und die Benutzung eingängiger Melodien für Handy-Klingeltöne als unislamisch gebrandmarkt, seit neuestem wird von dieser Gruppe auch das Tragen von Büstenhaltern bekämpft, selbst wenn deren Schnitt oder Material keine der landläufigen Anforderungen an Reizwäsche erfüllt. Die selbsternannten Gottesmänner gehen bei ihrem Feldzug gegen die wohl weiblichste aller Unterwäsche besonders handgreiflich vor. Frauen, die gegen den brutalen BH-Bann verstoßen, werden ausgepeitscht und müssen danach zum Beweis der vollzogenen Haltlosigkeit ihre Brüste schütteln. Die Begründung für diesen religiös verbrämten Akt puren Männlichkeitswahns: Die BH-Trägerinnen hätten sich einer vom Koran geächteten ›Irreführung‹ schuldig gemacht.

Nicht weniger skurril geht es in jedem Februar in Saudi-Arabien zu. Dort ist der nahezu weltweit von Verliebten gefeierte Valentinstag ebenfalls als unislamisch ins Visier der Religionswächter geraten und samt allen Kollateralphänomenen verboten worden.

Das offizielle Verbot verliebter Vergnügungen trifft nicht nur die Blumenhändler, die sich schon geraume Zeit vor dem Valentinstag nicht mehr trauen, ihren Kunden beispielsweise Sträuße aus der sattsam als Symbolblume bekannten roten Rose zu binden. Ist es doch vor allem die globale Farbe der Liebe, die die saudische Religionspolizei in jeder Beziehung rot sehen lässt. Nach Agenturberichten ist es direkt am 14. Februar unter anderem streng verboten, rote Kleidungsstücke oder rote Strümpfe zu tragen. In Restaurants dürfen die Tische nicht mit roten Kerzen oder roten Rosen geschmückt werden, außerdem ist es den Wirten untersagt, in ihren Lokalen das Licht zu dimmen oder entsprechend stimmungsvolle Musik aus den Boxen säuseln zu lassen.

Valentinsgeschenke, die anderswo spontan mit einem übergroßen Aufkleber ›Vorsicht: Kitsch!‹ versehen würden, sind in Saudi-Arabien nur unter dem Ladentisch und mit den wucherischen Preisaufschlägen des Schwarzmarkts erhältlich. Verkäufern, bei denen diese heiße Ware gefunden wird, drohen mehrere Tage Haft.

Genaue Anweisungen für die sexuelle Praxis innerhalb wie außerhalb der ehelichen Schlafzimmer finden sich jedoch nicht nur in Kreisen überzeugter Muslime. Auch im Judentum regelt beispielsweise eine beträchtliche Zahl individueller Vorschriften den körperlichen Verkehr. Und das sogar bis ins Detail.

Was Juden in ihrem Sexleben dürfen und was nicht, wird nach einer Zählung des mittelalterlichen Philosophen, Arztes und Rechtsgelehrten Moses Maimonides durch achtundzwanzig Ge- und sechsundsechzig Verbote festgelegt.

Man mag das für übergenau halten, dieser Eindruck dürfte jedoch nur solange bestehen, wie man sich nicht die Gesamtzahl der mosaischen Gesetzesregelungen vor Augen gehalten hat: Es sind 613. Die Art ihrer Aufteilung legt dabei beinahe einen göttlichen Romantiker als Verfasser nahe. Entspricht die Zahl der Verbote mit 365 doch genau der Zahl der Tage eines Jahres, während die Gebote mit einer Zahl von 248 auf die Anzahl der Glieder des menschlichen Körpers hindeuten sollen.

Wer sich nun dafür interessiert, welche göttlich gegebenen Vorschriften Juden zu erfüllen haben, wird vor allem im sogenannten ›Heiligkeitsgesetz‹ im dritten Buch Mose, dem sogenannten ›Buch Leviticus‹, fündig. Übermäßig spannende Lektüre erwartet ihn dort allerdings nicht, denn diesem Buch fehlen völlig Tempo und Spannung der beiden ersten Bibel-Bände Genesis und Exodus, in denen Mord und Totschlag, Betrug und Täuschung geradezu an der Tagesordnung sind.

Beim dritten Buch Mose, dessen Inhalt zwar vermutlich

auf den Wüstenführer selbst zurückgehen dürfte, das seine finale Form aber wohl erst im fünften Jahrhundert v. Chr. erhalten hat, handelt es sich vielmehr um eine Sammlung religiöser und staatlicher Gesetze. Ihr Anspruch auf Gestaltung aller Lebensbereiche steht nicht im Mindesten hinter der Regelungswut moderner Politiker zurück. Über weite Strecken liest es sich daher weniger wie ein vom jüdischen Gott inspirierter heiliger Text und weit mehr wie ein Lehrbuch für den Nachwuchs seiner Priesterschaft. Von dieser Aufgabe her, die es tatsächlich erfüllen sollte, erklärt sich auch sein Name ›Leviticus‹: Das Priesteramt war im damaligen Judentum den Nachkommen des Jakobssohnes Levi anvertraut.

Der Teil des dritten Buches Mose bzw. eben ›Leviticus‹, der den jüdischen Intimbereich zum Gegenstand hat, beginnt mit einem generellen Verbot des Inzests oder der Blutschande. Um ihm Nachdruck zu verleihen, ist ihm eine unmissverständliche Klarstellung der eigentlichen Machtverhältnisse im Lande unmittelbar angehängt: »Kein Mann unter euch darf mit einer Blutsverwandten geschlechtlich verkehren. Ich bin der Herr!« (3. Buch Mose 18, 6) Dieser Vorschrift, die man mit Fug und Recht einen sexualpolitischen Grundgesetzartikel nennen könnte, folgen dann die näheren Ausführungsbestimmungen: So sind der Beischlaf mit dem Vater und der Mutter, mit der Stiefmutter, mit Geschwistern, Enkeln, Onkeln und Tanten, mit der Schwiegertochter oder der Schwägerin verboten. Nicht zulässig sind etwa auch der gleichzeitige Sex mit Mutter und Tochter oder – nach menschlichem Ermessen wahrscheinlich weit seltener – mit der Enkelin.

Beim zweiten Blick auf diese beachtliche Verbotsliste wird überraschenderweise deutlich, dass es damals in den Zelten,

Hütten und Palästen offensichtlich durchaus nicht immer streng monogam zuging. Ein Mann und eine Frau: Das war durchaus noch nicht das Ideal und das in der jüdischen Gesellschaft dieser Zeit allgemein verbindliche Prinzip. Wäre es anders gewesen, hätte es schließlich nicht einer so strengen Ermahnung wie der folgenden bedurft: »Du darfst neben einer Frau nicht auch noch deren Schwester heiraten. Du würdest sie zur Nebenbuhlerin machen, wenn du zu Lebzeiten der Frau die Scham ihrer Schwester entblößt«, (3. Buch Mose 18,18), gemeint ist: wenn du mit ihr schläfst.

Einmal ganz abgesehen davon, dass eine solche Dreiecksbeziehung dem israelitischen Gott offensichtlich ein Gräuel war, spricht aus diesem Verbot auch eine tiefe Kenntnis der menschlichen Natur. Menschen, die ihm gehorchten, dürften damit viel zum Frieden in ihren Familien beigetragen haben.

Doch die Bibel beließ es nicht damit, allein auf eine solche Belohnung zu setzen. Handelten Männer und Frauen ihren Vorschriften zuwider, wurde das keinesfalls als nur ein mehr oder minder lautes Rumpeln in der Beziehungskiste betrachtet, mit dem die Verursacher allein fertig werden mussten. Wie bei allen biblischen Anordnungen standen auch bei den biblischen Sexualgesetzen auf Zuwiderhandlungen drakonische Strafen.

Was auf dem Spiel stand, zeigt anschaulich die Strafandrohung gegen Geschwisterliebe: »Wenn ein Mann mit seiner Schwester oder Halbschwester schläft, machen sich beide schuldig; es ist eine schlimme Schandtat. Die beiden müssen vor versammeltem Volk getötet werden. Der Mann hat mit seiner Schwester verkehrt und muss die Folgen seiner Untat tragen.« (3. Buch Mose 20,17)

Auch wenn beispielsweise ein Mann mit seiner Schwiegertochter ins Bett stieg und dabei erwischt wurde, kannte der Gesetzestext kein Pardon: »Wenn jemand mit seiner Schwiegertochter schläft, müssen beide getötet werden. Sie haben sich auf eine schändliche Weise befleckt; ihr Blut findet keinen Rächer.« (3. Buch Mose 20,12)

Ähnliches gilt ebenso für eine Beziehung, die heute glücklicherweise für die meisten Gemüter zwar nicht mehr todeswürdig wäre, die aber bei vielen Menschen noch immer wenigstens die hochgezogene Augenbraue moralischer Missbilligung provozieren dürfte: »Wenn jemand Tochter und Mutter zugleich zur Frau nimmt, ist das ein schändliches Vergehen. Alle drei müssen verbrannt werden; denn so etwas Schändliches darf es bei euch nicht geben.« (3. Buch Mose 20,14)

Merkwürdigerweise ist die Bibel aber auch da gnadenlos, wo es zwischen Mann und Frau um eine Frage geht, die heute eher als eine Angelegenheit der Hygiene betrachtet werden dürfte und weniger als ein göttlich-menschliches Problem. »Wenn ein Mann mit einer Frau während ihrer monatlichen Blutung schläft, machen sich beide schuldig und müssen aus ihrem Volk ausgerottet werden.« (3. Buch Mose 20,18)

So weit, so gut. Oder vielmehr: so schlecht und grausam. So ganz ohne Trost will uns aber auch die unerbittliche Bibel nicht gehen lassen. Konsequenz scheint nämlich trotz der tödlichen Drohungen gegen Abirrungen von der verordneten sexuellen Praxis nicht die Sache der Autoren des Alten Testaments gewesen zu sein. Glücklicherweise. Denn wäre es anders, hätte die Menschheitsgeschichte leider schon früh ein vorzeitiges Ende gefunden. Den unmittelbaren Nachkommen Adams und Evas blieb ja mangels ausreichender Auswahl gar nichts anderes übrig, als im engsten Geschwisterkreis miteinander Kinder zu zeugen oder zu empfangen.

Und damit nicht genug: Später ging sogar einer der besonderen Helden der biblischen Geschichten, der Stammvater Abraham, mit Sara, seiner Halbschwester väterlicherseits, die Ehe ein. Er wurde deswegen nicht von der Erde verschlungen und noch nicht einmal in den Texten der Heiligen Schrift laut und unmissverständlich getadelt.

Nichts da. Selbst nach den Maßstäben der Bibel scheint es eben durchaus den einen oder anderen Menschen zu geben, der gleicher ist als gleich.

Doch einerlei, ob nun für Adam und Eva samt Nachkommen, für Abraham und seine Sara oder ganz simpel auch für die durch keinerlei biblische Geschichte herausgehobenen Juden in deren Nachbarschaft: Für alle gilt, dass im Vordergrund jeglicher Beziehung zwischen Mann und Frau die Sorge zu stehen hat, für zahlreichen Nachwuchs zu sorgen. Damit soll das göttliche Gebot erfüllt werden, fruchtbar zu sein und sich zu mehren. Auf Sex mit dem Ziel der Zeugung neuen Lebens liegt deshalb soviel göttlicher Segen, dass ehelicher Verkehr ohne Verhütungsmittel in traditionellen Familien quasi zum Pflichtprogramm eines Sabbats gehört.

Noch mehr Familienförderung findet sich im 5. Buch Mose. Im fünften Vers des vierundzwanzigsten Kapitels wird dort ganz praxisnah angeordnet: »Wenn ein Mann heiratet, wird er ein Jahr lang vom Kriegsdienst und von allen Arbeitsleistungen für öffentliche Belange befreit. Er soll sich ungestört seiner Frau widmen können.«

Sollte sich unsere Bundesregierung zu einer ähnlichen Regelung bereit finden können, würde sie damit dem Begriff des ›Zivildienstes‹ eine ganz neue Bedeutung geben. Gleichzeitig dürfte sich diese Begünstigung der sogenannten ›ehelichen Pflichten‹ gegenüber dem Wehrdienst überaus positiv auf unsere sinkende Geburtenrate auswirken. Was ja aus den verschiedensten Gründen nicht unbedingt das Schlechteste wäre …

Religion – so zeigt sich nicht nur in dieser durchaus eigennützigen Fürsorglichkeit – kümmert sich nicht nur um die richtige Haltung im Betstuhl, sie sorgt sich auch um die richtige Stellung im Bett. Göttliche Einmischungen gibt es in der Tat fast überall und für fast alles, und ihre Zahl übertrifft die der zehn aus dem christlichen Religionsunterricht bekannten Gebote um ein Vielfaches. Was Gläubige im Alltag dürfen und was ihnen verboten ist, haben alle großen Religionen in mehr oder minder großen Gesetzeskatalogen geregelt. Nicht immer ist der Sinn dieser Texte leicht einsehbar und manchmal erscheint er sogar regelrecht absurd und unsinnig. Oder warum sollte es sich der Gott des jüdisch-christlichen Alten Testamentes ausgerechnet zur Aufgabe gemacht haben, die Fußball-Bundesliga abzuschaffen?

Kann man einen solchen Abpfiff aus den Büchern der Bibel wirklich herauslesen? Das nächste Kapitel wird es klären.

Verflucht sei das Mischgewebe!

Kleiner Katalog der verrücktesten Vorschriften

Mit Gott ins Abseits?

Ihr voller Name lautet Laura Catherine Schlessinger. Geboren wurde sie am 16. Januar 1947 in Brooklyn, New York, ihren Doktortitel erwarb sie an der renommierten Columbia University, wo sie über die Wirkung von Insulin auf Ratten promovierte. Ihr offizieller Lebenslauf enthüllt darüber hinaus stolz, dass sie diverse Trophäen bei Segelwettkämpfen gewonnen hat, den Schwarzen Gürtel einer fernöstlichen Kampfsportart trägt und – wenn sie gerade nicht forscht, segelt oder kämpft – zu wohltätigen Zwecken eleganten Schmuck entwirft und auch gleich selbst anfertigt. Mit anderen Worten: Frau Dr. Schlessinger ist eine vielseitige und vielbeschäftigte Frau. Sie ist intelligent, tüchtig und erfolgreich und sieht zu allem Überfluss auch noch gut aus.

Aber das ist natürlich noch nicht alles. Vor allem anderen ist Dr. Laura Schlessinger mit ihrer im ganzen Land ausgestrahlten Radio-Talkshow eine der bekanntesten und einflussreichsten Journalistinnen der Vereinigten Staaten. Als »Dr. Laura« ist sie seit mehr als dreißig Jahren über unzählige Sender von Küste zu Küste zu hören, ihr regelmäßiges Publikum liegt im Millionenbereich.

Frau Dr. Schlessinger ist allerdings nicht nur höchst erfolgreich, sie ist auch höchst umstritten. Als liberale Intellektuelle und erklärte Feministin in den siebziger Jahren gestartet, rückte sie mit ihren Positionen später massiv nach rechts. Nachdem sie zum orthodoxen Judentum konvertiert war, erregte sie in ihren Sendungen zum Teil heftigen Widerspruch, als sie sich etwa für die Therapie von Homosexuellen aussprach, um sie von ihrem ›Leiden‹ zu heilen. Dass sie generell in Bezug auf Sex und Familie eine ausgesprochen konservative Position bezog und die Bibel ausgesprochen fundamentalistisch auslegte, trug ihr andererseits auch viel Zuspruch ein. »Versöhnen statt spalten!« war ihre Sache nicht.

Inzwischen ist sie vom ausgesprochen rechten Flügel zwar vorsichtig wieder etwas in die Mitte gerückt, das hat jedoch nicht verhindert, dass sie mit ihrer flockig vorgetragenen Vermengung von Religion, Politik und Moral immer noch zu den Lieblingsfeinden liberaler und progressiver Kreise gehört.

Zu den besonders langlebigen Hits des Internets gehört deshalb beispielsweise ein in diesem weltweiten Netz veröffentlichter Brief, in der sie ein offensichtlich satirisch begabter Hörer zunächst einmal für ihr missionarisches Engagement lobt: »Vielen Dank, dass Sie sich so aufopfernd bemühen, den Menschen die Gesetze Gottes näher zu bringen. Ich habe einiges durch Ihre Sendung gelernt und versuche das Wissen mit so vielen anderen wie nur möglich zu teilen.« Dann allerdings kommt es für die rechtsgläubige Lebensberaterin unversehens dick, denn ihr scheinbarer Bewunderer gibt vor, dass es bei ihm bei der Umsetzung einiger göttlicher Gebote in seinen Alltag noch etwas hapere. Sie könne ihm jedoch weiterhelfen. Nur ein paar Antworten auf ein paar unscheinbare Fragen seien dafür erforderlich.

Die Fragerunde beginnt mit einem eindeutigen Nachbarschaftsproblem, wie es auch Tausende und Abertausende von deutschen Grillfreunden kennen dürfte: »Wenn ich am Altar einen Stier als Brandopfer darbiete, weiß ich, dass dies für den Herrn einen lieblichen Geruch erzeugt (Leviticus 1,9). Das Problem sind meine Nachbarn. Sie behaupten, der Geruch sei nicht lieblich für sie. Soll ich sie niederstrecken?«

Während sich dieses Problem etwa durch den Bau eines rustikalen Freiluftkamins noch einigermaßen einfach lösen lassen dürfte, ist die Problemlage bei der zweiten Frage schon diffiziler: »Ich würde gerne meine Tochter in die Sklaverei verkaufen, wie es im 2. Buch Mose, Kapitel 21, Vers 7, erlaubt wird. Was wäre Ihrer Meinung nach heutzutage ein angemessener Preis für sie?« Für diese Frage gibt es nur wenig später noch eine Variation, die angesichts der Adressatin Dr. Laura spezifisch auf Amerika ausgerichtet ist, die auch für Europa aber ihre Berechtigung hätte. Auszutauschen wären nur die Nationalitäten, etwa gegen Osteuropäer und Franzosen, Belgier oder Niederländer: » Das Buch Leviticus stellt im 44. Vers seines 25. Kapitels fest, dass ich Sklaven besitzen darf, sowohl männliche als auch weibliche, wenn ich sie von benachbarten Nationen erwerbe. Einer meiner Freunde meint, das würde auf Mexikaner zutreffen, aber nicht auf Kanadier. Können Sie das klären? Warum darf ich keine Kanadier besitzen?«

Auch Fragen um körperliche Gebrechen oder Eigenheiten werden nicht ausgespart: »Im 3. Buch Mose, Kapitel 21, Vers 20, wird dargelegt, dass ich mich dem Altar Gottes nicht nähern darf, wenn meine Augen von einer Krankheit befallen sind. Ich muss zugeben, dass ich eine Lesebrille trage. Muss meine Sehkraft perfekt sein oder gibt es hier ein wenig Spielraum?« Und als quasi direkter Angriff auf das bis dato ehrbare Handwerk der Friseure und Coiffeure: »Die meisten meiner männlichen Freunde lassen sich ihre Haupt- und Barthaare schneiden, inklusive der Haare ihrer Schläfen, obwohl das eindeutig durch das 3. Buch Mose, Kapitel 19, Vers 27, verboten wird. Wie sollen sie sterben?«

Vertrauen wir Dr. Laura! Für sämtliche hier aufgeworfenen Probleme wird sie dank ihrer Kunst der wörtlichen Bibelauslegung schon eine Lösung finden. Sie mag manchmal schmerzhaft sein, aber doch immer nur für andere. Nur eine einzige Ausnahme gibt es, die allerdings könnte nicht nur für den Frager selbst, sondern für einen Großteil der männlichen Bevölkerung vieler Länder Konsequenzen nach sich ziehen, die nur schwer erträglich erscheinen: »Ich weiß aus dem 3. Buch Mose, Kapitel 11, Vers 6 bis 8, dass das Berühren der Haut eines toten Schweins mich unrein macht. Darf ich trotzdem Fußball spielen, wenn ich dabei Handschuhe anziehe?«

Kann also nicht nur Liebe Sünde sein, sondern auch ein Fußballspiel? Und das nur, weil das kugelrunde Sportgerät aus einem falschen Material hergestellt wurde?

Alles geregelt

Sicher, im 3. Buch Mose finden sich unter der angegebenen Textstelle eindeutige Anweisungen: »Ihr sollt Kamele, Hasen und Klippdachse meiden. Sie sind zwar Wiederkäuer, haben aber keine gespaltenen Klauen. Auch das Schwein ist für euch verboten. Es hat zwar gespaltene Klauen, ist aber kein Wiederkäuer. Esst keins von diesen Tieren und berührt sie auch nicht, wenn sie verendet sind. Sie alle gelten für euch als unrein.« Aber sollte sich der himmlische Herr wirklich persönlich um die Regeln der irdischen Rasenspiele gekümmert haben? Zumal sich bei ähnlich strikter Auslegung auch ein

Verbot von Casting-Shows wie ›Deutschland sucht den Superstar‹ aus der Bibel herauslesen ließe. Heißt es doch beim Propheten Amos im Kapitel 5, Vers 23: »Hört auf mit dem Geplärr eurer Lieder!«

Bevor in den Kirchen nun aber eine Rebellion oder gar eine sportlich motivierte Austrittswelle losbricht und Fußball mehr als ohnehin schon zur wahren Religion der Massen wird, schauen wir lieber noch einmal genauer hin, was die Bibel eigentlich genau befiehlt. Und warum.

Auf den ersten Blick scheint nichts gegen die strengen Ansichten von Frau Dr. Schlessinger zu sprechen. Die Sprache des Alten Testaments ist an dieser Stelle deutlich, klar und scheinbar unmissverständlich.

Allerdings dürfte vermutlich in vielen Familien Panik ausbrechen, wenn das 2. Buch Mose mit seinen detaillierten Vertragsbestimmungen über den Handel mit Sklaven wörtlich genommen werden sollte. Wie in der heimtückischen Frage an Dr. Laura bereits formuliert, gestattet es tatsächlich strengen oder auch nur geschäftstüchtigen Vätern, ihre Töchter in die Sklaverei zu verkaufen. Diese Erlaubnis wird auch dadurch nicht besser, dass die Bibel für den Fall des Nichtgefallens der menschlichen Ware eine Rücknahmegarantie gibt: »Hatte der Käufer sie als Frau für sich selbst bestimmt, aber sie gefiel ihm nicht, so muss er ihrer Familie Gelegenheit geben, sie zurückzukaufen.« (2. Buch Mose, Kapitel 21, Vers 8)

Wenig Verständnis dürften nicht nur Feministinnen für eine weitere Regelung im zehnten Vers desselben Kapitels finden, obwohl die immerhin eine gewisse Gleichberechtigung garantieren soll. Das ist kein Wunder, denn die gewährte Gleichberechtigung bezieht sich allein auf das Verhältnis zwischen Frau und Nebenfrau: »Heiratet er selbst

(d. h. der Käufer) sie und nimmt später noch eine zweite Frau, so darf er ihr die Versorgung mit Nahrung und Kleidung und den ehelichen Umgang nicht verkürzen.«

Das 5. Buch Mose dehnt die religiöse Regelungswut dann auf so viele Bereiche des täglichen Lebens aus, dass heutiger Bürokratieabbau wie eine Aufgabe wirkt, die sich nahtlos aus dem Alten Testament ableiten lässt.

Das fängt bei der Ökologie an, biblisch gesprochen: bei der Bewahrung der Schöpfung.

Im 5. Buch Mose heißt es beispielsweise im 6. Vers des 22. Kapitels mit einer Deutlichkeit, als sollte dieser Text direkt in eine Motivationsbroschüre eines Naturschutzbundes eingehen: »Wenn du unterwegs auf einem Baum oder auf der Erde ein Vogelnest findest, in dem eine Vogelmutter über ihren Eiern oder Jungen sitzt, dann darfst du die Mutter nicht von den Jungen wegfangen.« Fundamentalismus ist der Bibel aber zumindest beim Naturschutz fremd, denn getreu dem göttlichen Aufruf, nicht nur besagte Schöpfung zu bewahren, sondern sich andererseits die Erde untertan zu machen, liest der erstaunte Leser im nächsten Satz: »Die Jungen kannst du fangen, aber lass die Mutter fliegen. Dann wird es dir gut gehen und du wirst lange leben.« Warum die Jungen weniger schutzwürdig sind als ihre Mutter, bleibt im Dunklen.

Bauvorschriften gefällig? Auch daran hat die Bibel gedacht: »Wenn du dir ein Haus baust, musst du den Rand des Flachdaches mit einem Geländer schützen. Wenn jemand vom Dach stürzt und dabei den Tod findet, lädst du schwere Schuld auf dich und alle, die in dem Haus wohnen.«

Das bereits zitierte 5. Buch Mose, Kapitel 22, Vers 8, ist hier wiederum die Quelle, und es liegt wohl nur an den besonderen klimatischen Verhältnissen des Vorderen Orients und der in den damaligen Zeiten noch nicht übermäßig weit fortgeschrittenen Baukunst, dass die Heilige Schrift der Juden und Christen nicht auch noch mit verbindlichen Vorschriften über den Querschnitt von Regenrinnen und die Wärmedämmung von Türen und Fenstern aufwartet.

Dafür widmet sie sich in breiter Ausführlichkeit den Fragen von Mode und Bekleidung. Ohne nähere Begründung verfügt das inzwischen ja bekanntermaßen regelungswütige 5. Buch Mose im 11. Vers seines 22. Kapitels einen strengen Bann gegen Mischgewebe: »Du darfst keine Kleider tragen, deren Stoff aus Wolle und Leinen gemischt ist.« Die Frage der Zulässigkeit moderner Kunstfasern bleibt wohl nur mangels technologischer Kenntnisse der biblischen Verfasser unbeantwortet.

Wenige Zeilen zuvor war dafür schon der Stab über enge Jeans an Frauenbeinen gebrochen worden: »Eine Frau darf keine Männerkleidung tragen« verlangt das mosaische Gesetzeswerk barsch in seinem 5. Vers. Dass sich zudem auch die Schotten wegen einer himmlischen Verurteilung ihrer Nationaltracht getroffen fühlen sollten, kann hier nicht verschwiegen werden: »Ein Mann soll auch keine Frauenkleidung tragen. Der Herr, euer Gott, verabscheut jeden, der das tut.« Genau genommen, hätten sowieso sämtliche Couturiers, Modeschöpfer und Edelschneider allen Grund, sich in ihren schöpferischen Möglichkeiten massiv beschnitten zu sehen, ordnet doch Vers 12 kategorisch an: »Du sollst an den vier Zipfeln deines Obergewandes Quasten anbringen.«

Arglose Leser, die vielleicht sogar noch die strengen Ermahnungen der Dr. Laura im Ohr haben, werden spätestens jetzt anfangen sich zu fragen, was ihr Gott denn eigentlich gegen

Lederbälle und Damenjeans, gegen zipfelfrei verarbeitete T-Shirts und begrünte Dächer ohne Brüstung haben könnte. Die Antwort ist einfach: Nichts! Theologisch sind ihm vermutlich selbst modisch-knappe Hüftjeans egal, und selbst ausgefallenste Dachkonstruktionen dürften außer eventuell bei Kirchtürmen und Kapellen, Domen oder Kathedralen auch nicht gerade ein Thema sein, das ihn in Wallung bringt.

Anders, als es christliche Fundamentalisten nahe legen, hat der jüdisch-christliche Gott in der Bibel nämlich nicht direkt zu seinen Gläubigen gesprochen, um sie damit für alle Zeiten auf ein bestimmtes Verhalten sowie auf unwandelbare Sitten und Gebräuche festzulegen. Es gilt vielmehr der Satz: Nur wer die Bibel nicht wörtlich versteht, versteht sie richtig! Entscheidend ist die Bedeutung ihrer Worte, entscheidend sind nicht deren Buchstaben!

Wie bei den heiligen Schriften anderer Religionen kommt es auch bei der Bibel darauf an, den Sinn hinter den Sätzen zu erfassen. In einer Aussage, die strenge Muslime für ihren Koran so vermutlich nicht gelten lassen würden, ist sie nämlich nicht Gottes Wort im Originalton, über den man weder diskutieren muss noch es überhaupt kann. Moderne Theologen sind sich vielmehr einig, dass sie im besten Fall von Gott inspirierte Worte und Sätze enthält, die es unter Aufwendung allen menschlichen Scharfsinns und des Wissens der verschiedensten Wissenschaften erst noch zu entschlüsseln und auszudeuten gilt. Sie ist als ein in einer ganz konkreten historischen Situation entstandenes Menschenwerk zu verstehen, das göttliche Offenbarungen widerspiegelt, sie aber nicht in Reinform enthält.

In diesem Sinn sind auch die mosaischen Gesetze über Männer- und Frauenkleider sowie die Verfügung über die exakte

Quastenanzahl an der Oberkleidung zu verstehen. Betrachtet man die betreffenden Regeln nämlich genauer, zeigt sich bei etwas weiterer Perspektive schnell, dass dem göttlichen Herrn beim menschlichen Beinkleid Rock wie Hose absolut gleich lieb war. Was ihn störte, waren nicht modische Extravaganzen als solche, was ihn massiv störte, das war die Beteiligung von Angehörigen seines ureigensten Volkes an den heidnischen Riten der Nachbarvölker.

Das Verbot des Tragens von Kleidung des jeweils anderen Geschlechts sollte Juden beispielsweise vorrangig davon abhalten, an den alle religiösen und moralischen Maßstäbe des Judentums sprengenden Feiern zu Ehren der Fruchtbarkeitsgöttin Astarte mitzuwirken. Bei ihnen hüllten sich Männer in Frauenkleider und umgekehrt, um sich später dank dieses religiösen Transvestitismus um so ungehemmter zügellosen kultischen Orgien hingeben zu können.

Ähnliches gilt auch für die Quastenfrage. Natürlich kann keine Rede davon sein, dass der allmächtige Gott Israels plötzlich so kleinlich wurde, seine modischen Vorlieben zur immerwährenden Richtschnur für die gesamte Menschheit machen zu wollen. Die Quasten, deren Erscheinungsbild im 4. Buch Mose, dem sogenannten Buch ›Numeri‹, noch durch eine violette Kordel verfeinert wurde, sollen nur einem einzigen Zweck dienen. Und der hat mit Ästhetik ebenso wenig zu tun wie mit der Mode im Lande Kanaan. Hinter der Vorschrift steht vielmehr einmal mehr und ausschließlich die Religion: »Jedes Mal, wenn ihr die Quasten seht«, sagte der Herr, »sollen sie euch an meine Gebote erinnern. Sie sollen euch mahnen, dass ihr nach meinen Weisungen lebt und euch nicht von euren Gedanken und euren lüsternen Augen zum Ungehorsam verleiten lasst. Dann werdet ihr ein heiliges

Volk sein, ein Volk, das seinem Gott ganz gehört.« (4. Buch Mose, Kapitel 15, Vers 39 f)

Und dennoch: Trotz ihrer Strenge und manchmal trotz ihrer vordergründigen Unsinnigkeit sollten die Vorschriften des Alten Testaments dieses Volk, »das ganz seinem Gott gehört«, nicht zu Boden drücken. Das umfangreiche Regelwerk war nur dazu gedacht, den Juden eine Richtschnur an die Hand zu geben, mit der sie ihr alltägliches Leben an den Lehren ihres Gottes ausrichten konnten. Dass sich diese Richtschnur dann aber leider nach und nach zu einem Netz entwickelte, in dem sich viele Durchschnittsgläubige hoffnungslos verfingen, war so vom Auftraggeber sicher nicht beabsichtigt.

Dafür spricht nicht zuletzt eine Passage in der Bibel, die sich im sogenannten Buch ›Kohelet‹ oder ›Prediger‹ findet. In diesem unter die biblischen ›Bücher der Weisheit‹ gerechneten Werk, das traditionell – aber vermutlich fälschlicherweise – dem König Salomo zugeschrieben wurde, sind einige Sätze zu lesen, die mit ihrer Relativierung übertriebener Strenge in der Religion selbst auch fast schon unter die religiösen Kuriosa und Merkwürdigkeiten zu rechnen sind. Wo sonst wird dem überforderten Gläubigen denn noch ein ähnlich menschenfreundlicher Rat zuteil: »Übertreib es nicht mit der Rechtschaffenheit und bemühe dich nicht zu sehr um Wissen! Warum willst du dich selbst zugrunde richten? Schlag aber auch nicht über die Stränge und bleib nicht in der Unwissenheit! Warum willst du vor der Zeit sterben? Halte dich an die gesunde Mitte. Wenn du Gott ernst nimmst, findest du immer den rechten Weg.« (Buch Kohelet oder Prediger, Kapitel 7, Vers 16 ff)

Ob diese ungewohnte Nachgiebigkeit in jedem Fall auch für das Schlendern über den Marktplatz und den Gang zum Metzger anzuwenden ist, soll der nächste Abschnitt klären.

Schweine, Kühe und rote Pilze

Was das Essen angeht, lässt die Bibel zumindest den Christen überraschend großzügig völlig freie Hand. Ja, sogar mehr noch: Als wollte das Neue Testament jedem Gammelfleischhändler quasi vorab eine Generalabsolution für sein ekliges Geschäft erteilen, beruhigt der vom Apostel Paulus verfasste 1. Korintherbrief im 25. Vers seines 10. Kapitels die gläubigen Konsumenten pauschal: »Ihr könnt jedes Fleisch essen, das auf dem Markt verkauft wird. Es ist nicht nötig, dass ihr eine Gewissenssache daraus macht und nachforscht, woher das Fleisch kommt.«

Die Begründung für diese unkritische Beruhigung erscheint einleuchtend, solange man für einen Augenblick einmal Tollkirschen, Knollenblätterpilze und Klapperschlangen außer Acht lässt. Denn es heißt: »Dem Herrn gehört die ganze Erde mit allem, was darauf lebt.« Im Klartext heißt das nichts anderes als: »Euer Gott hat diese Welt höchstpersönlich geschaffen. Folglich kann es auf ihr nichts geben, was böse oder schlecht ist.«

Wirklich? Zweifel sind erlaubt. Ist es doch ausgerechnet das liebe Borstenvieh, in vielen Kulturen auf dem ganzen Globus traditioneller Lieferant von Fleisch, Leder und Speck, das bei den göttlichen Gewalten religionsübergreifend in Ungnade gefallen zu sein scheint. Mag der Herr im Himmel nun als Jahwe oder als Allah angebetet werden: Gefallen am Schwein hat er in keinem Fall! Die durchaus intelligenten Wühler gelten im Judentum wie im Islam als unreine Tiere; der Genuss ihres Fleisches ist Juden wie Muslimen verboten.

Warum das so ist, lässt sich heute kaum noch mit Sicherheit sagen, die Begründungen sind vielfältig. Die Verunglimpfung von Schweinen als schmutzig kommt für das Essverbot allein nicht in Frage, denn – erlaubte – Rinder können ebenfalls nicht als reinliche Tiere gelten, wenn man sie nicht auf weitläufigen Wiesen sondern auf engem Raum hält.

Ästhetische Gründe, schließlich dürfte die durchschnittliche dicke Sau ja nicht unbedingt den Schönheitspreis der Schöpfung gewinnen? Auch sie können eigentlich nicht entscheidend gewesen sein, denn die Bibel verbietet beispielsweise ebenfalls das Verspeisen von Hasen oder Kaninchen, toleriert aber offensichtlich durchaus den Verzehr von Heuschrecken. Während die possierlichen Nager indes allgemein als niedlich angesehen werden, dürfte das Äußere der gemeinen Heuschrecke wohl nur für passionierte Insektenfreunde eine Augenfreude sein. Doch Heuschrecken werden gegessen, Häschen nicht.

Eine zumindest mögliche Begründung für das Schweinefleischverbot bei Juden und Muslimen lieferte als Erster der jüdische Gelehrte Moses Maimonides, der uns schon durch seine Zählung der alttestamentlichen Sexualgebote bekannt ist. Als Leibarzt des Sultans Saladin in Kairo schrieb er bereits im zwölften Jahrhundert, Gott habe seinen Bann gegen den Genuss von Schweineschnitzeln und saftigen Schinken als Maßnahme der öffentlichen Gesundheitspflege ausgesprochen. Warum das so sein könnte, führte er zwar nicht aus, aber seine Autorität bei Hofe reichte in jedem Fall aus, um aus seiner Vermutung eine weithin anerkannte Tatsache zu machen.

Das Schweinefleischverbot wäre demnach also eine Art göttlicher Prophylaxe gegen Nahrungsmittelvergiftungen. Ein schöner Gedanke, – und er muss auch gar nicht falsch sein. Denn eine späte Bestätigung fand Rabbi Maimonides in der Mitte des 19. Jahrhunderts durch die Fortentwicklung der Wissenschaft. Danach können Menschen in der Tat durch das Essen von Schweinefleisch an sogenannter Trichinose oder Trichinellose erkranken. Darunter versteht man eine schwere Infektion, die mit Fieber, Muskelschmerzen und Übelkeit einhergeht. Im Einzelfall kann sie durch Lähmung des Herzmuskels sogar zum Tod führen.

Übertragen wird diese Krankheit durch die namengebenden Trichinen, bis zu vier Millimeter lange Fadenwürmer, die als Parasiten nicht nur, aber auch Schweine befallen. Wenn deren Fleisch roh oder ungenügend erhitzt in den menschlichen Verzehr gelangt, besteht die Gefahr, dass die winzigen Würmer in den Organismus von Menschen gelangen und dort zum Teil bleibenden Schaden anrichten. Durch eine staatliche Kontrolle der Schlachthöfe sowie die in Deutschland vorgeschriebene ›Trichinenschau‹ kann die Trichinose jedoch ebenso in Schach gehalten werden wie durch Kochen oder Braten des Fleisches mit einer Mindesthitze von 65 Grad.

Leider führte die Schützenhilfe, die in diesem Fall die Wissenschaft ausnahmsweise einmal dem Glauben angedeihen ließ, dazu, dass ein anderes und gänzlich unerwartetes Problem auftauchte. Wenn, so fragten nämlich plötzlich spitzfindige Rabbiner des Reformjudentums, ausreichend gekochtes Schweinefleisch keine Bedrohung für die öffentliche Gesundheit mehr darstellt, warum sollte man dann seinen Verzehr verbieten? Gottes Gebot, das allein dem Schutz der Menschen dienen sollte, wäre mit der Sorgfalt am Herd ja Genüge getan.

Keineswegs, antworteten ihnen darauf ihre orthodoxen Kollegen. Wenn Gott nur das Wohlergehen der Menschen im Sinn gehabt hätte, hätte er sie ja gleich darauf hinweisen können, Fleisch nur gut erhitzt zu sich zu nehmen. Sein Anliegen müsse also größer gewesen sein als nur die Vorsorge gegen Krankheiten.

Was genau hinter dem Schweinefleischverbot steckt, ist folglich nach wie vor strittig. Verschiedene anthropologische und religionswissenschaftliche Hypothesen gehen dahin, dass die Schweine geschützt werden sollten, weil sie in vor-jüdischen und vor-islamischen Zeiten als Totemtier einiger Stammesgesellschaften gedient hatten. Warum dann allerdings nur das Schwein geschützt wird, andere ebenfalls als Totem genutzte Tiere wie Schafe oder Kühe jedoch in den Kochtopf wandern dürfen, lässt dieser Erklärungsversuch offen.

Andere Anthropologen wie der Amerikaner Marvin Harris verweisen ganz modern auf die Erfordernisse der Ökologie. Sie gehen davon aus, dass die zum großen Teil als Nomaden lebenden Israeliten sehr genau wussten, dass sie in den Halbwüsten ihrer Lebensräume zwar sehr wohl Herden von an das Klima und die spärliche Vegetation angepassten Rindern, Schafen und Ziegen halten konnten, nicht aber Schweine, die stark auf die Feuchtigkeit und den Schatten von Wäldern oder begrünten Flussufern angewiesen sind. Für einen umherwandernden Stamm stellen sie somit eher eine Last als einen Gewinn dar. Schweinehaltung und Schweineverzehr quasi mit göttlicher Autorität zu tabuisieren, gibt vor diesem Hintergrund eine clevere Strategie ab, um eine empfindliche Umwelt einigermaßen im Gleichgewicht zu halten.

Was nun aber tatsächlich für das Schweinefleischverbot maßgeblich war oder ob bei diesem Verdikt ein oder mehrere Faktoren zum Tragen kamen, wird vermutlich für immer eine Sache der Einschätzung und Abwägung durch die Wissenschaft und den gesunden Menschenverstand bleiben. Das gilt ebenso für die Frage, was denn nun hinduistische Inder dazu bewegt haben könnte, inmitten eines weithin immer noch äußerst armen Landes ausgerechnet Kühe für heilig zu erklären und ihnen einen geschützten Lebensraum selbst in dichtbevölkerten und verkehrsreichen Metropolen einzuräumen.

Aus religiöser Perspektive scheint die Lage wieder einmal eindeutig. Für gläubige Hindus sind Kühe gewissermaßen das Fleisch gewordene Symbol alles Lebendigen. Schon in den uralten vedischen Schriften des Hinduismus taucht die Kuh als Verkörperung der Göttin Prithivi Mata, der Mutter Erde, auf. Und damit nicht genug der Heiligkeit: Der Gott Krishna soll während seiner irdischen Existenz von der Familie eines Kuhhirten großgezogen worden sein; auf Bildern wird er deshalb oft selbst als Hirtenjunge mit einer Kuh dargestellt. Ein Stier mit Namen Nandi – zu Deutsch bedeutet dieses Sanskrit-Wort ›der Glückliche‹ – ist darüber hinaus das Reittier und der treue Diener des Gottes Shiva. Und ganz praktisch gilt Kuhmilch ebenso als rein wie alle anderen Ausscheidungen von Rindern.

Alles zusammengenommen führt das dazu, dass für gläubige Hindus kein größeres Vergehen denkbar ist, als eine Kuh zu töten. Selbst die Ermordung eines Menschen verliert gegenüber diesem Sakrileg an Gewicht, denn ihr fehlt es an der symbolischen Bedeutung, die das Schlachten – und gar das Verspeisen – einer Kuh für den Kosmos besitzt. Im auf dem indischen Subkontinent ohnehin kaum stattfindenden religiösen Dialog zwischen Hindus und Muslimen birgt das beträchtlichen Sprengstoff: Während Muslimen Schweinefleisch streng verboten ist, spricht aus Sicht ihrer Religion nichts gegen ein saftiges Rindersteak. Für ihre hinduistischen Nachbarn ist es genau umgekehrt.

Aufgeklärte westliche Beobachter, deren heilige Kühe in der Regel Allradantrieb und mehrere hundert PS besitzen, erfüllen diese Verhältnisse nur allzu oft mit Grauen. Sollen die Inder doch bitteschön, so regen sie selbstlos an, zunächst einmal ihre nutzlosen Rindviecher schlachten, dann würden sich nahezu alle anderen Probleme des Landes fast im Alleingang lösen: Jeder Inder hätte genügend Fleisch im Topf, für die Hygiene wäre etwas getan und der Verkehr flösse auch besser. Hilf dir selbst, das weiß schließlich schon der kaum je um eine Spruchweisheit verlegene deutsche Volksmund, hilf dir selbst, dann hilft dir auch dein Gott.

In Indien hat er das vielleicht schon getan, denn so unsinnig, wie es zunächst scheinen mag, ist der umfassende Schutz für Rinder gar nicht. Ganz im Gegenteil.

Zum einen sind die heiligen Kühe ziemlich profan Indiens ›Produktionsstätte‹ für Ochsen, die neben Kühen und Büffeln als Zugtiere für Pflüge oder den Gütertransport auf dem Land immer noch unverzichtbar sind. Die Fruchtbarkeit der Kühe ist deshalb wichtiger als eine hohe Milchleistung, denn qualitativ sogar bessere, weil fettreichere Milch geben auch weibliche Wasserbüffel.

Kuhdung ist wichtig, um die Felder fruchtbar zu erhalten. Er dient zudem als Brennmaterial sowie als strapazierfähiger Bodenbelag in den Hütten. Ein direkter Nahrungskonkurrent für den Menschen sind die augenscheinlich äußerst anspruchslosen und strapazierfähigen Wiederkäuer bei all ihren Leistungen in keinem Fall: Sie ernähren sich zu mehr als 80 Prozent von Abfällen oder den sonst unverwertbaren Resten landläufiger Nutzpflanzen wie Reisstroh oder Weizenkleie. Im indischen Bundesstaat West-Bengalen brachte ein Wissenschaftler diese Verhalten auf die einprägsame Formel: »Die Kühe verwandeln das, was die Menschen nicht brauchen können, in Produkte, die für sie von unmittelbarem Nutzen sind.«

Die merkwürdige religiöse Regel, ausgerechnet Kühe für heilig zu erklären, entpuppt sich also bei näherem Hinsehen als eine Anweisung von großem Nutzen für die ganze Gesellschaft. Wie schon bei den Schweinen ist es auch bei den Kühen: Das eigentliche Motiv, das eine Tier zu verdammen und das andere in den Himmel zu heben, ist nicht so sehr religiös als ökonomisch oder ökologisch. Gläubige Menschen mögen sich angesichts dieser Säkularisierung damit trösten, dass ihr Gott eben manchmal in den ungewöhnlichsten Verkleidungen steckt.

Auf der Insel Neuguinea ist der Wille der örtlichen Gottheiten beispielsweise in einem Nahrungstabu zu finden, das sich ausnahmsweise einmal nicht auf tierisches Fleisch, sondern auf Pflanzen bezieht. Und es gilt auch nicht für alle Mitglieder des Stammes der Hua, allein die geschlechtsreifen Männer müssen sich an die Verbote halten.

Nach Berichten der Ethnologin Anne Meigs dürfen sie keine Nahrung zu sich nehmen, die mit Weiblichkeit und vor allem mit weiblicher Sexualität in Verbindung gebracht wird. Dazu gehören beispielsweise rote oder rötliche Gemüsearten, Früchte und Pilze, weil sie an die Menstruation denken lassen. Verboten sind außerdem Gemüse mit einer irgendwie ›haarigen‹ Oberfläche, die unter Einsatz entsprechender Phantasie als Schamhaar gedeutet werden könnte. Überdies stehen Lebensmittel wie eine Pilzart und zwei Arten von Yamswurzeln auf der Verbotsliste, weil sie offensichtlich einen gewissen Geruch ausströmen, der – fast scheint es wie eine fixe Idee bei den Hua – natürlich wieder an menstruierende Frauen erinnert. Unter das Genussverbot für Männer fallen zusätzlich bestimmte wild wachsende Pflanzen wie wilde Bananen, wobei unklar bleibt, ob die Männer diese Früchte nicht essen dürfen, weil deren Wildheit als gefährlich für das männliche Geschlecht angesehen wird oder ob es ganz einfach die Bananenform ist, die die Männer auf dumme Gedanken bringen könnte.

Auch in Europa werden bestimmte Pflanzen seit je mit Sexualität in Verbindung gebracht, man denke nur an Austern, Trüffeln, ein schon dem Namen nach viel versprechendes Gewürz wie Liebstöckel oder das noch eindeutigere Bibergeil.

Mag es sich bei diesen Zuschreibungen nun um magisches Denken handeln oder schlicht um das Ergebnis ausgeprägter Experimentierfreude. Vielsagend ist, dass solche Produkte in unserer Gesellschaft nicht wie in der Südsee mit einem Tabu belegt wurden. Bei uns wurden und werden sie stattdessen als gefragtes Aphrodisiakum gesucht und gehandelt.

Bleibt zum Abschluss nur noch ein Speiseverbot zu erwähnen, das ein Nahrungsmittel betrifft, das von den meisten Menschen gar nicht als ein solches empfunden wird: das Blut. Doch gerade bei dieser Flüssigkeit, bei der es sich laut Goethes Faust um einen ganz besonderen Saft handelt, sind gleich mehrere Religionen bis hin zum japanischen Schintoismus überaus empfindlich.

Während Blut beispielsweise in vielen Naturreligionen als Quelle der Kraft und der Vitalität angesehen und getrunken wird, lehnen Juden wie Muslime es in seltener Eintracht strikt ab, Blut zu sich zu nehmen. Sogar ein Steak auf englische Art würde auf ihre unverhohlene Ablehnung stoßen.

Die Begründung für das Blutverbot findet sich auf jüdischer Seite einmal mehr im bereits zitierten 5. Buch Mose. Dort heißt es im 23. und 24. Vers des 12. Kapitels: »Ihr dürft niemals Fleisch essen, in dem noch Blut ist; denn im Blut ist das Leben. Ihr müsst das Blut wie Wasser auf die Erde fließen lassen.« Der Koran ist in seiner 5. Sure mit dem Namen ›Der Tisch‹ ähnlich eindeutig. Dort heißt es in der modernen Übersetzung von Ahmad Milad Karimi ebenso unmissverständlich wie nicht ganz appetitlich: »Verboten ist euch das Verendete, das Blut, das Fleisch des Schweins und das, worüber ein anderer angerufen wurde als Gottes Name, das Erstickte, das Erschlagene, das Gestürzte und das Gestoßene und das, was Raubtiere angefressen – ausgenommen, was ihr schächtet – und was auf einem Opferstein geschlachtet.«

In beiden Religionen hat das Verbot, Blut zu sich zu nehmen, dazu geführt, dass das Schlachten der Tiere auf eine genau vorgeschriebene Art und Weise zu erfolgen hat. Beim sogenannten »Schächten« sollen die zu tötenden Tiere möglichst restlos ausbluten, bevor sie für die Weiterverarbeitung oder den menschlichen Verzehr zur Verfügung stehen.

Erreicht wird das dadurch, dass – sensible Gemüter mögen die folgenden Sätze einfach überlesen – mit Hilfe eines besonderen Messers in einem einzigen schnellen Schnitt die großen Blutgefäße an der Kehle des Schlachttieres sowie dessen Luft- und Speiseröhre zerteilt werden.

So grausam und notgedrungen blutig es erscheinen mag, gilt das Schächten doch als eine Schlachtmethode, bei der darauf geachtet wird, das Leid des zu tötenden Tieres möglichst gering zu halten. Dazu dient auch die Ausbildung des Schächters, bei der sowohl auf praktische Fertigkeiten wie auf eine Auseinandersetzung mit dem Thema des Tötens Wert gelegt wird.

Mag dem Schächten in Judentum und Islam in christlichen Augen hauptsächlich etwas Exotisches anhaften, so wird es viele treue Kirchgänger doch überraschen, dass es auch ihnen untersagt ist, tierisches Blut zu sich zu nehmen. Das entsprechende Verbot findet sich im 15. Kapitel der Apostelgeschichte. Dort macht sich der später in Santiago de Compostela begrabene Apostel Jakobus zum Fürsprecher der Christen, die nicht aus dem Judentum heraus, sondern direkt aus ihren Religionen zum neuen Glauben gefunden haben. Um ihnen keine unnötigen Lasten aufzuerlegen, lehnt er es ab, von ihnen zu verlangen, sämtlichen jüdischen Gesetzen zu gehorchen. Er will sie in einem Schreiben nur unter anderem auffordern, sie sollten »kein Fleisch von Tieren essen, deren Blut nicht vollständig ausgeflossen ist, und kein Tierblut genießen.« (Vers 20)

Ob mit der Regel des Jakobus allerdings auch gemeint ist, dass Christen nun die in manchen Gegenden als Delikatesse geltende Blutwurst nicht mehr essen dürfen, ist eine Gewissensfrage, die jeder Gläubige für sich selbst beantworten muss.

Vom oströmischen Kaiser Leo VI. ist jedenfalls aus dem

9. Jahrhundert nach Christus ein strenges Blutwurst-Verbot überliefert. Der Herrscher, der auch ›der Weise‹ oder ›der Philosoph‹ genannt wird, ist in einem 1939 im hessischen Wiesbaden erschienenen Buch mit dem schönen Titel »Wurstologia« mit der folgenden Anweisung zitiert: »Es ist uns zu Ohren gekommen, dass man Blut in Gedärme wie in Röcke einpackt und so als ganz gewöhnliches Gericht dem Magen zuschickt. Es kann unsere kaiserliche Majestät nicht länger zusehen, dass die Ehre unseres Staates durch eine so frevelhafte Erfindung (...) fresslustiger Menschen geschändet werde. Wer Blut zu Speisen umschafft, der wird hart gegeißelt, bis auf die Haut geschoren und auf ewig aus dem Lande verbannt.«

Auf Erden nicht ganz so hart geahndet, aber doch im Himmel als Todsünde bestraft, wurde noch bis in die sechziger Jahre des 20. Jahrhunderts hinein eine gänzlich andere christliche Speiseregel: Freitags durfte in katholischen und anglikanischen Familien kein Fleisch gegessen werden!

Es liegt nahe, dieses Verbot auf die Erinnerung an den Opfertod Jesu am Kreuz auf dem Hügel Golgatha in Jerusalem zurückzuführen, wo der Sohn Gottes nach christlicher Tradition ja an einem Freitag gestorben sein soll. Und tatsächlich war dies von katholischer Seite auch die offizielle Begründung für den kirchlichen Eingriff in den häuslichen Speisezettel.

Die eigentliche Begründung für das Fleischverbot an Freitagen ist jedoch weit prosaischer, – und einmal mehr ökonomisch bedingt. Der fleischlose Freitag stammt aus dem mittelalterlichen England des Tudor-Königs Eduard VI., wo das Fleisch knapp war und folglich die Fischerei sowie der Fischhandel gefördert werden sollten. Im Jahr 1548 erließ das Parlament deshalb die Anordnung, an jedem Freitag Fisch statt Fleisch auf Tische und Tafeln zu bringen. Vier Jahre später bestätigte der Monarch dieses Gesetz nochmals ausdrücklich und verfügte ein absolutes Fleischverbote für alle Freitage und Samstage des Jahres plus aller Tage der Fastenzeit. Womit er gleichzeitig Englands Fischer wie Englands Kirche glücklich gemacht haben dürfte, deren Oberhaupt er als König praktischerweise in Personalunion war.

Vielleicht hätte man es in seinem Reich aber statt mit Fischen auch mit einer kräftigen Maikäfersuppe probieren können, die nach fachmännischem Urteil ähnlich wie eine Krebssuppe schmecken soll. Ihr Rezept ist einer der wenigen Verstöße gegen das in Europa weithin geltende Tabu, Insekten zu verspeisen. Die Bibel und der Koran kennen es nicht: In beiden Heiligen Büchern wird beispielsweise der Verzehr von Heuschrecken erwähnt.

Aber wenn die Liebe – und manchmal leider eben auch der Ekel – schon durch den Magen geht: Essen ist selbst für Gourmands nicht alles. Und für Religionen sowieso nicht.

Sie prägen unseren Alltag immer noch weit mehr, als es zunächst den Anschein haben mag. Sie sagen uns beispielsweise, was wir wann, wo und wie zu feiern haben, sie versorgen uns aber ebenso mit Hilfsmitteln für unseren Alltag. Manchmal sind die einfach nur skurril, doch manchmal sehen sie auch so aus, als kämen sie direkt aus dem Fundus für einen Gruselfilm.

Göttliches Gebein

Von religiösen Requisiten
und kuriosen Kulten

Bis auf den letzten Rest

Letztlich ist doch alles eine Frage des Kontakts. Eine an sich eher banale Erkenntnis, doch sie verbindet in einem eleganten Bogen einen kreativen italienischen Designer der Gegenwart mit einem macht- und geldbewussten venezianischen Dogen aus dem neunten Jahrhundert. Während Ersterer sich Gedanken darum macht, dass zuviel Kontakt mit an sich heiligen Dingen sogar zu bleibenden Schäden führen könnte, setzte Letzterer stattdessen auf vermehrten Kontakt. Er erhoffte sich nennenswerten Nutzen davon, dass er in der Lagunenstadt eine Art kirchlichen Kontakthof eröffnete. Aber der Reihe nach.

Wir schreiben das Jahr 2009. Eine unheimliche Krankheit mit dem nicht ganz so unheimlichen Namen ›Schweinegrippe‹ versetzt Millionen von Menschen auf der ganzen Welt in Angst und Schrecken. Experten warnen vor einer Pandemie und empfehlen äußerste Sauberkeit in allen Lebenslagen und höchste Vorsicht beim Kontakt mit anderen Menschen. Mancherorts werden Theater- und Opernaufführungen abgesagt, Schulen werden vorübergehend geschlossen und sogar Fußballspiele nicht mehr angepfiffen.

Auch die Kirchen machen sich Sorgen um ihre Gläubigen. Doch während sie in früheren Jahrhunderten etwa bei Pest und Cholera ausschließlich auf Büßen und Beten zu setzen pflegten, empfehlen sie heute bei drohender Ansteckungsgefahr weit weltlichere Schutzmaßnahmen. So warnte die katholische Deutsche Bischofskonferenz beispielsweise ganz prosaisch vor brüderlichem und schwesterlichem Umarmen und Händeschütteln im Gottesdienst. Als gäbe es kein Vertrauen in den höchsten aller Schirmherren mehr, rieten Deutschlands Oberhirten ihrer Herde überdies zur besonderen Achtsamkeit im Umgang ausgerechnet mit jener Flüssigkeit, die doch eigentlich zum Schutz gegen nahezu alle körperlichen und seelischen Gebrechen eingesetzt wird: das Weihwasser.

Die Lage wirkte aussichtslos. Gerade das Segenszeichen, das für Rettung und Reinigung steht, drohte durch die Verunreinigung mit winzigen Viren zum Zeichen der Krankheit und des Verderbens zu werden. Während im Angesicht dieser Gefahr der Klerus weltweit in Tatenlosigkeit zu versinken schien, blieb es einem Laien vorbehalten, seiner Kirche einen Ausweg aus der Krise zu weisen. Der italienische Designer Luciano Marabese war es, dem die kaum lösbare Aufgabe gelang, gläubigen Katholiken zwar den ungehinderten Kontakt mit Weihwasser und den ihm zugeschriebenen heilsamen Wirkungen zu ermöglichen, sie aber gleichzeitig vor dem Kontakt mit den Erregern der gefährlichen Grippe zu schützen. Der Mann der Form verband ganz einfach Heiligkeit mit High Tech und schuf ein elektronisches Weihwasserbecken, das nun dem Begriff ›Segen der Technik‹ eine ganz neue Bedeutung zu geben vermag.

Dabei ist Marabeses Erfindung alles andere als ein Wunder.

Sie funktioniert vielmehr ähnlich wie ein ganz profaner Seifen- oder Handtuchspender. Eine Photozelle erspürt die Annäherung der weihwasserbedürftigen Hand und gibt eine kleine Menge vom heiligen Nass frei. Nicht zu viel, aber auch nicht zu wenig.

Doch lassen wir Luciano Marabese am besten selber sprechen. Schnell wird dabei deutlich, dass der Heilige Geist ihn zwar offensichtlich ausreichend erleuchtet hat, um das Problem des potenziell kontaminierten Weihwassers zu lösen, diese Erleuchtung aber leider nicht so weit ging, ihn gleichzeitig auch zu befähigen, fehlerfrei in fremden Zungen sprechen zu können. Seine Erklärung dessen, was ihn zu seiner Erfindung motivierte, holpert daher etwas, wenn er auf der Homepage seiner Firma im Internet ein wenig verwirrend über sich enthüllt: »Ich fühlte, dass ein immer häufiger Wunsch nach Hygiene auch in Kultstätten gerade entsprang.«

Ein paar Zeilen weiter erfährt die wissbegierige Gemeinde dann ganz konkret, was auf sie zukommt, sollten sich die Türen der Kirche mehr als nur einen Spalt für die Zukunft geöffnet haben: »Das Elektronische Weihwasserbecken ist unkompliziert, rein und innovativ. Die Kirchgänger werden nicht mehr brauchen, die Hände in die alte Weihwasserbecken einzutauchen, sondern nur einen Augenblick werden sie warten sollen, dann wird das Weihwasser von oben kommen, als ob es ein Zeichen des Himmels sei. Ein Sensor – der die Anwesenheit von der Hand feststellt – lasst einen kleinen Spritzstrahl von Weihwasser an, vor dem Kreuzzeichen. Ein Symbol unserer Zeit, ein Symbol der Änderung, ein Symbol, dass unsere Glauben die Modernität verstehen und folgen kann.«

Mehr als elfhundert Jahre zuvor hatte ein gewisser Giustigniano Partecipazio, seines Zeichens elfter Doge von Venedig, ein ähnliches Problem. Auch er wollte den Menschen seiner Zeit »ein Zeichen des Himmels« zeigen und sie in einen ausgesprochen körperlichen Kontakt mit dem Übersinnlichen bringen. Was das nach landläufiger Auffassung damals sein konnte, stand für die meisten Gläubigen unbezweifelbar fest: Es waren vor allem die sterblichen Überreste von Heiligen, es konnten aber beispielsweise auch Splitter oder Nägel vom Kreuz Christi sein. Oder gar Tücher, in denen sein Gesicht oder sein Körper bleibende Spuren hinterlassen hatte und die mit diesem Abdruck nun der neugierigen Christenheit einen Eindruck davon vermittelten, wie denn ihr Heiland wohl ausgesehen hatte.

Geradezu modern war ihr Glaube für die Zeitgenossen Partecipazios stets eine ganzheitliche Erfahrung, nie nur die Sache eines grüblerischen Geistes. Für den geschäftstüchtigen Dogen ergab das gleichzeitig sein Geschäftsmodell. Seine Überlegung war ebenso einfach wie vielversprechend: Wenn Venedig einige solcher hochheiligen Überreste von Rang vorzuweisen hätte, würde das Pilger von nah und fern in die Lagunenstadt treiben. Ihr Antrieb wäre der Wunsch, diese Reliquien zu sehen, womöglich gar zu berühren und damit in Zeiten großer Unruhe wenigstens in Bezug auf das Jenseits etwas mehr auf die sichere Seite zu rücken.

Den Gewinn hätten dann beide Parteien. Die suchenden Christen würden in ihrem Glauben gestärkt, die Staatskasse dagegen in etwas härterer Währung. Auch durchgeistigte Gottsucher müssen schließlich essen, trinken und vielleicht sogar übernachten.

So weit, so gut. Jetzt mussten nur noch die nötigen Reliquien her. Und da traf es sich gut, dass ungefähr im Jahr 828 im Fernhandel tätige venezianische Kaufleute auf etwas gestoßen waren, das sich als spirituelle Wertsache entpuppen sollte. Ein Lump, wer sich Böses dabei denkt, aber an einem geheim gehaltenen Ort entdeckten sie die Gebeine des Evangelisten und Märtyrers Markus, den fromme Glaubensgenossen dort dem Vernehmen nach heimlich begraben hatten. Über den Weg der Identifizierung mag jetzt spekulieren, wer will.

Nach der Legende war Markus, nach dem im neunten Jahrhundert selbstverständlich noch kein Platz in Venedig benannt war, im ägyptischen Alexandria wegen seines Glaubens hingerichtet worden. Seine Feinde hatten ihn zunächst bei lebendigem Leibe verbrennen wollen, quasi einer der Klassiker im Umgang mit missliebigen Menschen anderen Glaubens oder manchmal auch nur leicht anderer theologischer Akzentsetzung. Als aber ein heftiges Unwetter das Entzünden des Scheiterhaufens verhinderte, schwenkten Markus' Peiniger kurzerhand um. Sie schlangen einen Strick um seinen Hals und schleiften ihn daran zu Tode, auch das bis in unsere Tage bei zügelloser Soldateska leider immer noch eine beliebte Folter- und Mordmethode.

Die Karriere des glaubenstreuen Markus war mit seinem grausamen Tod allerdings nicht zu Ende. Nachdem dessen Überreste mehrere Jahrhunderte an einem unbekannten Ort geruht hatten, entwickelten nun der Doge Partecipazio und seine Partner schlagartig höchste Aktivität. Für sie kam die Entdeckung von Reliquien, die zu Lebzeiten immerhin einmal einen Evangelisten ausgemacht hatten, gerade zum richtigen Zeitpunkt. Durch diese unschätzbare Fundsache hofften sie, endlich mit der Ewigen Stadt Rom gleichzuziehen.

Sehr zum Leidwesen der neidischen Venezianer lockte dort nämlich das an Berühmtheit kaum zu übertreffende Petrusgrab Gläubige aus der gesamten christlichen Welt an den Tiber.

Doch bis man von einem spirituellen und kommerziellen Patt reden konnte, musste man die Knochen erst einmal haben. Und das war nicht so einfach. Die Kaufleute Venedigs, die normalerweise ihr Können darin bewiesen, Geschäftspartner und Konkurrenten gnadenlos auszutricksen, hatten nun zu beweisen, dass sie diese Fertigkeit auch zu einem höheren Zweck anwenden konnten. In einem tollkühnen Reliquienschmuggel von der Qualität besserer Hollywood-Drehbücher transportierten sie die Gebeine des heiligen Markus nach Norditalien. Für ihren Coup versteckten sie dessen sterbliche Überreste ebenso pietätlos wie clever in einem Holzfass. Sie hatten sie zuvor unter einer dicken Lage gepökelten Schweinefleischs begraben, weil sie von dem mit einiger Wahrscheinlichkeit annehmen durften, dass strenggläubige Muslime es nicht einmal mit spitzen Fingern anrühren würden.

Ihre Rechnung ging auf und ihre Mühe zahlte sich schnell und vielfältig aus. Venedig zehrt bis heute von seinem Ruhm als Markusstadt.

Wie sich sehr bald erwies, kam diese Ehre aber nicht nur dem Gemeinwesen als Ganzem zugute, es konnte auch im sehr persönlichen Einzelfall nicht zu unterschätzende Vorteile bringen, dass die von vielen Seiten gefährdete Stadt im Meer nun mit dem Heiligen Markus einen neuen Patron und Schirmherr hatte. Als in ihrem Zentrum nämlich der Vorläufer der heutigen Basilika San Marco errichtet wurde, stürzte der Legende nach ein Maurer bei den Bauarbeiten vom Gerüst.

Offensichtlich bewies der Mann in diesem kritischen Moment eine erstaunliche Geistesgegenwart. Denn während er noch fiel, rief er schon den Heiligen an, an dessen Kirche er gerade baute: besagten Markus. Diese blitzschnelle Reaktion ließ ein Wunder geschehen. Der Mann vom Bau blieb bei seinem unvermeidlichen Aufprall auf den harten Erdboden unverletzt.

Dem heiligen Markus, dem der Handwerker das allem Anschein nach zu verdanken hatte, brachte das sofort eine neue Aufgabe ein: Seit dieser Zeit gilt er zumindest bei den Katholiken dieser Welt als spezieller Schutzpatron der Maurer und Bauarbeiter.

In engem Kontakt mit dem Übersinnlichen, dem Transzendenten, zu bleiben, ist also offensichtlich in jeder Beziehung äußerst vorteilhaft und damit jeder Mühe wert: seien es nun gedankliche Kapriolen zur Reinhaltung des Weihwassers oder körperliche Strapazen bei Pilgerfahrten zu Gräbern, Schreinen und Altären.

Christen müssen sich bei dieser Art von volksnaher und auf den direkten Nutzen schielender Frömmigkeit übrigens keineswegs allein fühlen. In vielen Religionen dieser Welt vermittelt sich der Glaube an das, was nicht begreifbar ist, vor allem auch durch das, was man anfassen kann.

Die Geschichten, die sich um den Reliquienkult ranken, sind zahlreich, und nicht immer lässt sich ein leichtes Lächeln unterdrücken, wenn es um die vielfältigen Bindeglieder zwischen Himmel und Erde geht. In den Schatzkammern der Frommen und Frömmler findet sich bei genauerem Hinsehen so manches, das man eher auf einem Flohmarkt als in der Nachbarschaft des Allerheiligsten erwarten würde.

Am Anfang war ein Taschentuch

Manchmal fangen große Geschichten ganz klein an. Auch in der Bibel. In der Apostelgeschichte wird beispielsweise davon berichtet, dass es auch nach dem Kreuzestod und der Auferstehung Jesu mit den auf seine Person zurückgehenden Wundern keinesfalls vorbei war. Nach wie vor wurden in seinem Namen Kranke wieder gesund, und übernatürliche Dinge geschahen. Die Apostel standen dabei zwar in vorderster Reihe der Wundertäter, rein körperlich und höchstpersönlich mussten sie nach den Angaben der Bibel aber noch nicht einmal immer persönlich anwesend sein, wenn etwas geschah, von dem sich damals wie heute die Schulweisheit nichts träumen ließ.

Im 11. und 12. Vers des Kapitels 19 der Apostelgeschichte heißt es beispielsweise: »Gott ließ durch Paulus ganz ungewöhnliche Dinge geschehen. Die Leute nahmen sogar seine noch schweißfeuchten Kopf- und Taschentücher und legten sie den Kranken auf. Dann verschwanden die Krankheiten und die bösen Geister fuhren von den Besessenen aus.«

Wer will, mag das glauben. Aber leider lassen sich diese Aussagen heute nicht mehr auf ihren Realitätsgehalt überprüfen. Die paulinischen Taschentücher sind zwischenzeitlich sämtlich zu profanem Staub zerfallen oder sie wurden schon vorher von offensichtlich uninspirierten Motten zerfressen: In jedem Fall sind sie nicht mehr vorhanden. Dennoch markiert die Rede von diesen längst verschwundenen Textilien neben der Erzählung im 9. Kapitel des Matthäusevangeliums, in der eine an Blutungen leidende Frau allein durch die Berührung des Gewandes Jesu geheilt wird, für die katholische Kirche so etwas wie den Beginn des Reliquienkultes. Bestimmten sterblichen Überresten und Gedenkstücken werden darin Wunderkräfte zugeschrieben, gleichzeitig droht mit der Verehrung dieser letztendlich aber doch rein weltlichen Gegenstände das Christentum in seinen oft durchaus etwas schillernden Randbereichen immer wieder in Magie und Scharlatanerie abzusinken.

Ansätze dazu gab es bereits in den frühesten Zeiten der christlichen Geschichte, und nicht immer gingen sie für diejenigen gut aus, die auf eigene Rechnung, aber gewissermaßen mit fremdem Werkzeug und in fremdem Namen Wunder wirken wollten.

Die Bibel berichtet beispielsweise von ambulanten Dämonenbeschwörern, die wahrscheinlich gutes Geld damit machten, unter Berufung auf den christlichen Messias böse Geister auszutreiben. Heute würde man diesen Personenstand wohl als Quacksalber oder esoterisch angehauchte Wunderheiler bezeichnen.

Die Apostelgeschichte erwähnt in einem solchen Zusammenhang im selben Kapitel, in dem sie auch von Paulus' Taschentüchern spricht, die sieben Söhne eines jüdischen Hohepriesters namens Skevas. Sie pflegten Dämonen mit dem Satz zu bannen: »Ich beschwöre euch bei dem Jesus, den Paulus verkündet!« Nicht immer garantierte diese Formel allerdings nachhaltigen Erfolg, denn zumindest einmal zweifelte das gespenstische Gegenüber der mehr oder minder glorreichen Sieben schlicht deren Autorität an: »Ich kenne Jesus und ich kenne auch Paulus. Aber wer seid ihr?« Und damit nicht genug: Der von den Mächten des Bösen Besessene entwickelte sich schnell zum Helfershelfer der höllischen Mächte und griff seine vermeintlichen Wohltäter mit körperlicher Gewalt an. Wenigstens dabei dürfte dann tatsächlich übernatürliche Kraft im Spiel gewesen sein, denn dem Besessenen gelang es im kompletten Alleingang, die sieben um ihn versammelten Männer zu Boden zu schlagen. »Blutend und halb nackt«, wie die Apostelgeschichte lakonisch feststellt, mussten sie aus dem Haus fliehen.

Die Nachricht von diesem für die menschliche Seite so unrühmlichen Zusammentreffen mit den Abgesandten der Unterwelt zog schnell Kreise. Seine Auswirkungen waren dabei ebenso groß wie unerwartet: Allem Anschein nach reichte auch bereits in diesen Zeiten die Taufe allein nicht aus, um gegen Aberglauben gefeit zu sein und magisches Denken aus den Köpfen zu verbannen. Viele Mitglieder der christlichen Gemeinde gestanden plötzlich ein, früher selbst Zauberei getrieben zu haben. Voller Reue schleppte eine beträchtliche Anzahl von ihnen nach der Darstellung der Apostelgeschichte sogar unversehens Zauberbücher herbei, um sie öffentlich zu verbrennen. Der literarische Scheiterhaufen, der sich aus diesen Selbstbezichtigungen ergab, dürfte eine nennenswerte Höhe erreicht haben, denn nach von der Bibel zitierten Schätzungen waren die in Flammen aufgehenden Bücher 50 000 Silberstücke wert: ein nicht ganz kleines Vermögen.

Und nicht etwa, dass Geld im Umgang mit Reliquien keine Rolle spielen würde. Eher im Gegenteil. Ein frühes Beispiel dafür lieferte ja bereits der ehrwürdige Doge Partecipazio, der für das Aufblühen seiner Heimatstadt auf die wirtschaftliche Wirkung der Überreste des heiligen Markus vertraut hatte. Es war beispielsweise auch die Stadt Köln, die auf wirtschaftlichen Aufschwung setzte, nachdem im zwölften Jahrhundert die Gebeine der legendären Heiligen Drei Könige überraschend in ihre Mauern gelangt waren.

Deren Geschichte beginnt im von Heiligkeit und Legenden förmlich durchwobenen Halbdunkel des vierten Jahrhunderts. Damals sollen die Überreste der heiligen Potentaten aus dem Morgenland von der – natürlich ebenfalls heiligen – Helena, der Mutter des römischen Kaisers Konstantin I. (auch er inzwischen ein Heiliger), auf einer Pilgerfahrt ins Heilige Land entdeckt worden sein: Parallelen zum Auffinden der Überreste des heiligen Markus durch die ausnahmsweise einmal nicht heiligen venezianischen Kaufleute einige Jahrhunderte später können ohne große Anstrengung gezogen werden.

Die heilige Helena nahm jedenfalls die wertvollen Fundstücke mit sich und einige Jahre später – wir befinden uns immer noch im Bereich der Legende – tauchten sie als kaiserliches Geschenk in Mailand auf. Hier blieben sie auch, bis als nunmehr hartes und historisch belegtes Faktum im Jahr 1158 der deutsche Kaiser Friedrich Barbarossa vor der Stadt erschien, sie erfolgreich belagerte und schließlich einnahm. Der in allen Ränkespielen der Macht bewanderte Herrscher requirierte die in Christenkreisen hochberühmten Reliquien als eine Art früher Beutekunst, um sie alsbald seinem Kanzler, dem Kölner Erzbischof Rainald von Dassel, als Geschenk zu übergeben. Der brachte das teure Gut umgehend in die Stadt Köln, die vorher ebenso wenig mit den Heiligen Drei Königen in Verbindung zu bringen gewesen war wie Venedig mit dem Evangelisten Markus. Den frommen Kölnern ist das jedoch bis heute gleichgültig. Sie empfingen ihre neuen Schutzherren mit Freude und sorgten entsprechend gründlich für eine angemessene Unterkunft: Die mittlerweile in jeder Beziehung unschätzbaren Reliquien werden seitdem in einem edelsteinbesetzten und aus vergoldetem Silber getriebenen Schrein aufbewahrt.

Gänzlich uneigennützig hatte Barbarossa seine rheinischen Untertanen indessen nicht mit einem so kostbaren Geschenk bedacht. Der Deutschland-Export dessen, was von den quasi ersten christlichen Königen der Welt- und Kirchengeschichte übrig geblieben war, sollte seine eigene kaiserliche Macht untermauern und seinen Anspruch auf Selbstständigkeit gegenüber dem Papst unterstreichen. Anders als heute war der über weite Strecken der europäischen Geschichte schließlich nicht nur ein eher machtloser geistlicher Herr, sondern vielmehr ein ziemlich mächtiger weltlicher Herrscher. Davon hatte sich nicht zuletzt schmerzlich einer von Friedrich Barbarossas Vorgängern überzeugen lassen müssen: Bei seinem sprichwörtlich gewordenen ›Gang nach Canossa‹ musste der damals 26-jährige Heinrich IV. vier Tage lang in der strengen Januarkälte des Jahres 1077 barfuss und im Büßerhemd vor der päpstlichen Burg ausharren, bevor ihn Papst Gregor VII. vom gegen ihn verhängten Kirchenbann wieder erlöste.

Die Kirche – und mit ihr ihre Reliquien – konnte also Könige und Kaiser machen, beide konnten aber auch ganze Königreiche gefährden und politische Wirren nicht unerheblichen Ausmaßes erzeugen. In den an sich wertlosen Knochensplittern und Haarbüscheln, im Blut und in den inneren Organen der Heiligen, in ihren Kleidungs- und Werkzeugresten, aber auch in den gegen sie eingesetzten Folterwerkzeugen lag eine Kraft, die Begehrlichkeiten weckte und bei Weitem nicht nur spirituelle Energie auf den Plan rief.

Am harmlosesten war es da noch, dass weitblickende Taktiker innerhalb wie außerhalb der Kirchen versuchten, wenn schon nicht die Heiligen selbst, dann doch wenigstens die Zahl der aus ihnen zu gewinnenden Partikel zu vervielfältigen. Mit nur sehr begrenzter Pietät begannen sie, den verehrten Toten Bart-, Leibes- und Haupthaare auszuzupfen, ihnen Fuß- und Fingernägel abzuschneiden oder Glieder und Organe zu entfernen. Der Vorteil dieser Reliquienvermehrung war offensichtlich: Zum einen konnte die gestiegene Nachfrage nach kultisch verwendbaren Requisiten nun viel leichter befriedigt werden, zum anderen wurden die Reliquien plötzlich auch um einiges handlicher als noch zu den Zeiten, in denen möglichst komplette Leichname für die Erbauung des gläubigen Christenvolkes zu dienen hatten. Die praktische ›Reliquie *to go*‹ war geboren: leicht zu transportieren und überall einzusetzen.

In Stufe Zwei der Reliquienbewirtschaftung kamen gewissermaßen frühmittelalterliche Mauerspechte zum Einsatz. Wenn schon, so überlegten sie, ein einziges Haar eines Heiligen eine wundertätige Wirkung entfalten konnte, warum dann nicht auch ein Teil des Sarkophages, in dem dessen Leichnam ja schließlich mehr oder minder lange geruht hatte?

Gedacht, getan: Mit Hammer und Meißel ließen sich nun verhältnismäßig schnell und mühelos neue Reliquien schaffen. Deren Aura blieb in der Nachfrage dann aber doch um einiges hinter der des originalen Kopfes der heiligen Berta oder des Armes des heiligen Rupert von Bingen zurück, wie sie beide im auf Hildegard von Bingen zurückgehenden Reliquienschatz im hessischen Eibingen aufbewahrt werden.

Und selbst mit den gewissermaßen ›Schlag auf Schlag‹ hergestellten Reliquien war es noch nicht genug: Die Nachfrage blieb weiterhin größer als das Angebot. Ungefähr im siebenten Jahrhundert begannen findige Köpfe deshalb damit, durch einfachen Kontakt mit anerkannten Reliquien neue Reliquien herzustellen. Die Zahl der verehrungswürdigen Gegenstände ließ sich damit als sogenannte ›Berührungsreliquien‹ quasi bis ins Unendliche steigern.

Und das Beste: Die wunderbare Reliquienvermehrung ließ

sich sogar theologisch rechtfertigen, denn im alttestamentlichen 2. Buch der Könige findet sich eine Geschichte, die am Grab des Propheten Elischa (oder Elisa) spielt. Die Gegend wurde damals von Räuberbanden unsicher gemacht, die im berichteten Fall ausgerechnet dann erschienen, als eine zweite Leiche im Prophetengrab beigesetzt werden sollte. Die Trauergemeinde reagierte panisch, hatten gerade damit aber einen unerwarteten Erfolg: »Die Leute warfen ihren Toten einfach in die Grabnische Elischas und rannten davon. Kaum aber war der Tote mit den Gebeinen Elischas in Berührung gekommen, da wurde er wieder lebendig und stand auf.« (2. Buch der Könige, Kapitel 13, Vers 21)

Bleibt nur zu hoffen, dass der erste Nutznießer eines direkten Kontaktes mit einer Reliquie sein frisch wiedergewonnenes Leben nicht sofort wieder an die biblischen Banditen verlor. Der Text schweigt sich darüber zwar aus, gläubige Bibelleser dürfen allerdings auf eines setzen: auf die Barmherzigkeit Gottes.

Selbst der eben geschilderte beherzte Schritt in Richtung auf eine von der Kirche lizenzierte Massenproduktion reichte allerdings noch nicht aus. Oder die erlaubte Reliquienvervielfältigung durch Zupfen, Zerren, Klopfen oder Reiben erschien manchem schlicht zu kompliziert. Gewissenlose Geschäftemacher mit dem Hang zu schnellem Reichtum setzten daher lieber gleich auf Fälschungen: Wer wollte namentlich in den Zeiten vor verlässlichen Radiokarbon-Tests und anderen ausgeklügelten naturwissenschaftlichen Untersuchungsmethoden schon darüber urteilen, ob ein kleiner Holzsplitter wirklich aus dem »wahren Kreuz Christi« stammte? Oder doch bloß aus einem morschen Balken der nächstgelegenen Bauernkate.

Inzwischen ist diese Epoche der Arglosigkeit allerdings längst vorbei. Gerade der Vatikan hat sich im Punkt der Echtheitsprüfung von Reliquien mittlerweile weit davon entfernt, nur schlichtes Gottvertrauen wirken zu lassen. In der globalen Zentrale der katholischen Christenheit sind heute beispielsweise alle anerkannten Kreuzsplitter streng registriert. Zusammengenommen sollen sie nicht mehr als die Holzmenge eines einzigen Balkens ergeben.

Pech hatten dagegen die Franzosen. Die Reliquien ihrer Nationalheldin, der erst 1920 mit einiger Verspätung heiliggesprochenen Jeanne d'Arc, entpuppten sich bei einer kürzlich vorgenommenen Untersuchung per Elektronenmikroskop, Röntgenapparat und Erbguttest als die sterblichen Überreste einer ägyptischen Mumie aus vorchristlicher Zeit. Mit den Knochen der heldenhaften Bauerntochter, deren angebliche Rippe im Jahr 1867 auf dem Dachboden einer Pariser Apotheke entdeckt worden war, sollte offensichtlich der Prozess der Selig- und Heiligsprechung Johannas beschleunigt werden, die im deutschsprachigen Raum auch als Jungfrau von Orléans bekannt ist.

Dass die Reliquie der 1431 auf dem Marktplatz von Rouen verbrannten Heerführerin im Kampf gegen die Engländer sich ausgerechnet als Leichenrest aus dem sechsten bis dritten Jahrhundert v. Chr. herausstellte, ist übrigens weniger erstaunlich, als es zunächst den Anschein haben mag. Menschliche Überreste aus dem Morgenland waren über Jahrhunderte hinweg in Europa eine gängige Handelsware. Ein Pulver aus zermahlenen ägyptischen Mumien war unter der Bezeichnung ›Pulvis mumiae‹ oder ›Mumia vera aegyptiaca‹ noch bis in die zwanziger Jahre des vergangenen Jahrhunderts als Heilmittel unter anderem gegen Husten, Hals- und

Kopfschmerzen sowie Gicht und Nierenversagen in Apotheken erhältlich. Als sogenanntes ›Mumienbraun‹ war der Staub wegen seiner schönen Färbung auch in der Malerei über Jahrhunderte beliebt, und erst in der Gegenwart setzte sich die Ethik gegen echten oder vermeintlichen Nutzen durch.

Doch nach dieser kurzen Abschweifung nun umgehend zurück zu echten oder vermeintlichen Reliquien und der Jagd nach ihnen. Gerade die weltliche Gier nach den im kirchlichen Raum kostenlos abgegebenen Kostbarkeiten macht dem Vatikan jetzt verstärkt Sorgen. Obwohl der Handel mit ihnen kirchlicherseits streng verboten ist und als Sakrileg gilt, hat sich mit den Auktionshäusern des WorldWideWeb ein neuer weltweiter Markt mit allem eröffnet, das mit Heiligen oder Heiligem in Verbindung gebracht werden kann. Dass hier per Mausklick wertvolles Glaubensgut tausendfach über den virtuellen Tresen geht, geißelte der portugiesische Kurienkardinal José Saraiva Martins deshalb als »gotteslästerlichen Internet-Handel«. Gleichzeitig drückte er bei seinem Protest die sicherlich nicht unbegründete Befürchtung aus, christliche Reliquien könnten auf dem Weg über Ebay und Co. womöglich gar in die Hände von Satanisten gelangen, die dann damit Schwarze Messen feierten oder anderen Unsinn trieben.

Von diesen Ab- und Irrwegen des Glaubens und Aberglaubens dürften sich die Christen der ersten Jahrhunderte noch nichts träumen haben lassen, als sie die abgelegten Taschentücher der Apostel einzusammeln begannen. Inzwischen ist aus diesen scheuen Anfängen aber eine Bewegung erwachsen, deren Größe sich kaum abschätzen lässt. Eine Übersicht darüber, welche und wie viele christliche Reliquien es insgesamt gibt, dürften inzwischen selbst die Buchhalter im Vatikan nicht mehr haben.

Diese Unklarheit ist allerdings auch nicht überraschend, denn die Beschaffung und Sammlung der heiligen Stücke wird innerhalb wie außerhalb der Kirche nach wie vor gepflegt; in den früheren Jahrhunderten bis zur Aufklärung stellte sie sogar geradezu ein Hobby hoher und höchster Herren dar. Vom sächsischen Kurfürsten Friedrich dem Weisen, der von 1463 bis 1525 lebte und den ein päpstlicher Nuntius mehr als nur leicht respektlos als »fettes Murmeltier mit den Augen eines Hundes« beschrieb, wird beispielsweise berichtet, dass er in der Wittenberger Schlosskirch – vermutlich sehr zum Missfallen Luthers – eine der größten Reliquiensammlungen der damaligen Welt unterhielt. Im Jahr 1520 brachte es diese gewaltige Kollektion, zu der beispielsweise auch der vom Kurfürsten höchstpersönlich aus Rhodos importierte Daumen der heiligen Anna gehörte, auf exakt 19 013 Stücke!

Da es angesichts solcher Zahlen in der Tat unmöglich erscheinen muss, einen auch nur entfernten Überblick über die fromme Resteverwertung zu behalten, wollen auch wir uns beschränken: Im nächsten Kapitel geht es ausschließlich darum, was der christliche Heiland selbst den Menschen hinterlassen hat. Respektive um das, was spätere Generationen ihm zum eigenen Heil und zum Heil der Kirche so zugeschrieben haben.

Alles außer Knochen

Nur eines gibt es natürlich nicht: Knochen. Oder andere sterbliche, aber gut konservierte Überreste des christlichen Messias. Da Jesus Christus nach dem Glauben seiner Anhänger und den Versicherungen der Evangelien von den Toten auferstanden und in den Himmel aufgefahren ist, kann es von ihm als menschlicher Person verständlicherweise keine Reliquien geben. Ansonsten ist aber so gut wie alles vorhanden. Das glaubensstarke Sammlerherz kann in Hinterlassenem schwelgen, dass der frommen Seele kaum noch Wünsche offen bleiben.

Um sich diese Wünsche möglichst vollständig zu erfüllen, sollte sie sich zunächst einmal nach Aachen aufmachen. Denn in dieser mit langer Geschichte und einem berühmten Dom gesegneten Bischofsstadt finden sich die sogenannten ›Aachener Heiligtümer‹, eine Reliquiensammlung, die bis auf Kaiser Karl den Großen zurückgeht. Der ist übrigens aus nicht ganz einsichtigen Gründen inzwischen längst selbst heiliggesprochen.

In Aachen können Pilger gewissermaßen ›auf Tuchfühlung‹ mit der Zeit Jesu gehen. Denn zu den berühmtesten Stücken der weltweit einzigartigen Sammlung gehört nicht nur ein aus naturfarbenem Leinen gewebtes Kleid, das der Gottesmutter Maria gehört haben soll, sondern ebenso eine längliche Damastbahn mit großen Blutflecken, die als das Tuch angesehen wird, in das nach der Ermordung durch König Herodes Antipas das abgeschlagene Haupt Johannes des Täufers gewickelt wurde. Außerdem wird in Aachen das ›Heiligtum des Lendentuches Christi‹ verehrt. Darunter ist der offensichtlich aus einem größeren Gewand herausgeschnittene Teil eines groben Gewebes zu verstehen, das Jesus bei seiner Kreuzigung um seine Leistengegend geschlungen haben soll. In der Bibel wird es nicht erwähnt, auf seine Existenz lässt sich allenfalls daraus schließen, dass Römer wie

Juden auch gegenüber zum Tode Verurteilten gewisse letzte Schamgrenzen wahrten.

Die kurioseste Attraktion der vier ›Aachener Heiligtümer‹ dürfte allerdings ein bräunliches, dickes und dicht wie Filz gewebtes Stück Stoff sein, von dem man wunderbarerweise annimmt, es handele sich dabei um die Windeln des Jesuskindes. Maria soll sie selbst genäht haben, da der jungen Familie das Geld fehlte, um die offensichtlich auch für die Aufzucht eines Gottessohnes nötigen Textilien neu zu kaufen. Eine weitere Legende erzählt in diesem Zusammenhang, dass das Ausgangsmaterial der jesuanischen Windeln die Pantoffeln seines irdischen Vaters gewesen seien. Aus den ›Botzen des heiligen Josef‹, wie es auf gut Aachenerisch heißt, wäre damit eine der wenigen Doppelreliquien der Christenheit geworden.

Mit diesen vier kostbaren Reliquien ist das einschlägige Angebot in und um Aachen übrigens bei Weitem noch nicht erschöpft. In der Benediktinerabtei Kornelimünster, unmittelbar an der Grenze zu Belgien gelegen und seit 1972 zur Stadt Aachen gehörig, werden weitere wichtige Relikte aus dem Leben Jesu aufbewahrt. Sie hatten ursprünglich ebenfalls zur Sammlung Karls des Großen gehört, waren dann aber von seinem Sohn Ludwig dem Frommen (trotz seines Namens diesmal ausnahmsweise kein Heiliger) dem von ihm mitbegründeten Kloster geschenkt worden.

Beim ersten der heiligen Gewebe handelt es sich um das sogenannte ›Schürztuch Jesu‹. Obwohl Intellektuelle hier gern in bestem Schul- oder Kirchenlatein vom ›linteum Domini‹ sprechen, ist darunter nicht mehr als eine simple Schürze zu verstehen. Eine Schürze allerdings, die Jesus trug. Nach der Überlieferung hatte er sich dieses Tuch umgebunden, als er seinen Jüngern vor dem letzten Abendmahl die Füße wusch. Teile des beim letzten Abendmahl verwendeten Tischtuchs sind übrigens in Mönchengladbach und in Wien zu besichtigen.

Die zweite berühmte Reliquie von Kornelimünster ist das Grabtuch des Josef von Arimathäa. Es soll bei der Grablegung des Gekreuzigten durch den einflussreichen und zum Jünger Jesu gewordenen Juden verwendet worden sein. Dabei steht es allerdings in einer gewissen Konkurrenz zu den Grabtüchern von Turin – das dortige ist wohl am berühmtesten – und Oviedo in Spanien.

Aber die Schätze von Kornelimünster haben sich mit dem Grabtuch ja noch nicht erschöpft. Mit dem sogenannten ›Schweißtuch‹ weist die Abtei schließlich noch eine weitere berühmte Reliquie auf. In dieses Tuch soll, einem jüdischen Brauch gehorchend, der Kopf des toten Jesus eingehüllt gewesen sein. Auch hierbei hat Kornelimünster jedoch einen Konkurrenten – und er wirkt sogar um einiges spektakulärer. Unter dem Namen ›Volto Santo‹ ist ein in der Klosterkirche des italienischen Ortes Manopello aufbewahrter hauchdünner Schleier aus rätselhaftem Material bekannt, der nach der Legende das Tuch sein soll, das die beiden Jünger Petrus und Johannes am Ostermorgen im leeren Grab gefunden haben. Auf ihm sind deutlich die Gesichtszüge eines Mannes zu erkennen, bei dem es sich um Jesus handeln könnte.

Doch ziehen wir weiter. Nicht allzu weit von Aachen liegt in der Westeifel die kleine Stadt Prüm, und auch an diesem abgelegenen Ort hat Jesus seine Spuren hinterlassen. Sogar fast in einem wörtlichen Sinn, denn in der Kirche der ehemaligen Abtei Prüm sind die Sandalen des Heilands zu besichtigen. Die hochheiligsten Riemenschuhe – oder vielmehr: die von ihnen übrig gebliebenen Reste – zählten im

Mittelalter zu den bedeutendsten Reliquien der Christenheit. Heute sind sie dagegen weitgehend vergessen und stehen im Schatten solcher Publikumsmagneten wie der oben erwähnten Aachener Heiligtümer oder auch des Heiligen Rocks von Trier, der bei den zu seinen Ehren im mehrjährigen Abstand veranstalteten Wallfahrten mitunter weit über eine Million Pilger anzieht.

Trier überholte Prüm gegen Ende des 12. Jahrhunderts, als aus nie ganz geklärter Quelle plötzlich die bis heute verehrte Reliquie des ›Heiligen Rocks‹ in der Christenheit auftauchte, ein Teil des von Jesus an seinen letzten Tagen getragenen Gewandes. Nach alten Überlieferungen soll es einmal mehr die bereits im Zusammenhang mit den Gebeinen der Heiligen Drei Könige in Erscheinung getretene heilige Helena gewesen sein, die quasi mit goldener Spürnase im Heiligen Land auf die Spur der von den römischen Soldaten am Fuß des Kreuzes verlosten Tunika Christi geriet und die das unschätzbare Gewand später der Trierer Kirche schenkte. Sportlich gesprochen gelang ihr damit in Jerusalem sogar ein Hattrick, denn als dritte Reliquie entdeckte sie zusätzlich das Grab und ›das wahre Kreuz Christi‹.

Dass sie bei ihrer Suche nach Heiligtümern nicht zimperlich vorging und nach der Legende zur Erlangung von Informationen einen jüdischen Leviten für sieben Tage in einen trockenen Brunnen werfen ließ, dürfte vor dem Hintergrund des großen Ganzen nur als kleiner Schönheitsfehler gelten. Reliquiensüchtige und -sammler aller Zeiten haben ihr diese kleine Folter sicher gern nachgesehen.

Weitere Christi-Reliquien gefällig? Das Angebot ist mehr als groß. In der römischen Basilika Santa Maria Maggiore auf dem Esquilinhügel finden sich beispielsweise – entsprechenden Glauben natürlich vorausgesetzt – in einem Reliquienschrein aus Kristall einige Reste der Bretter, die einmal zur Krippe aller Krippen gehört haben. Gemeint ist die wegen der örtlichen Zimmerknappheit später weltberühmt gewordene Futterkrippe im Stall von Bethlehem.

Ganz in der Nähe von Santa Maria Maggiore, in der weit kleineren Kirche Santa Prassede, werden weitere Relikte aufbewahrt, die dieses Mal allerdings nicht dem Beginn, sondern dem Ende des Lebens Jesu zugeordnet werden. In einer Seitenkapelle ist dort der Stumpf der steinernen Säule zu sehen, an die Jesus von römischen Soldaten gebunden und gegeißelt worden war.

Auch die ›Scala Santa‹ ist nicht weit entfernt. Bei dieser ›Heiligen Treppe‹ handelt es sich der Überlieferung zufolge um Stufen aus dem Palast des Pontius Pilatus in Jerusalem, über die Jesus auf dem Weg zu und von seiner Verurteilung gegangen sein soll. Auch sie – aufmerksame Leser werden es bereits vermutet haben – wurden von der heiligen Helena nach Europa importiert.

Schon seit dem 18. Jahrhundert ist diese Treppe zum Schutz vor Abnutzung mit einer hölzernen Verkleidung überzogen. Auf der zweiten, elften und achtundzwanzigsten Stufe wurden jedoch Glasfenster eingelassen, durch die die Pilger Flecken sehen können, bei denen es sich um das Blut Christi handeln soll.

Ein Besuch dieser ›Scala Santa‹ lohnt sich also in jedem Fall: sei es aus touristischen, sei es aus religiösen Gründen. Verspricht die katholische Kirche doch denjenigen Gläubigen, die alle Stufen dieser Treppe von unten bis oben auf ihren Knien erklimmen, an bestimmten Feiertagen einen vollkommenen Ablass ihrer Sündenstrafen.

Gleich ein doppeltes Wunder dürfte es sein, dass bis heute nicht nur die Treppe erhalten geblieben ist, über die Jesus in Jerusalem einst ging, sondern dass vom christlichen Messias sogar Fußabdrücke gezeigt werden können. Doppeltes Wunder deshalb, weil sie sich nicht in Palästina finden, wo Jesus ja über mehr als drei Jahrzehnte hinweg zu Fuß oder auf dem Esel ausgiebig unterwegs war, sondern weil diese Trittspuren im fernen Rom von ihm hinterlassen sein sollen.

Sie sind in den beiden Kirchen San Sebastiano und Santa Maria in Palmis an der Via Appia Antica zu besichtigen. Dies sollen die Orte gewesen sein, an denen nach der nicht zum offiziellen Kanon der Bibel gehörenden Apostelgeschichte des Petrus besagtem Petrus sein Herr erschienen war, um den Apostel davon abzuhalten, aus Rom zu fliehen, wo er hingerichtet werden sollte.

Während gutgläubige Seelen davon ausgehen, dass ihrem Gott gerade in seiner Allmacht nichts unmöglich ist und er deshalb auch in hartem Fels Spuren hinterlassen kann wie normale Sterbliche allenfalls an einem feuchten Meeresstrand, drohen kritische Geister die Aura des römischen Steins gründlich zu verderben. Nach diesen Stimmen handelt es sich bei der Platte mit den zwei parallelen Fußabdrücken, bei denen sogar die durch die Nägel hervorgerufenen Wundmale deutlich zu erkennen sind, nur um eine Votivtafel. Sie soll aus einem inzwischen zerstörten Tempel in der Nähe der heutigen Kirche stammen, wo sie ein nicht-christlicher Römer zum Dank für eine glückliche Heimkehr einst stiftete.

Doch sei es nun, wie es sei: Es gibt ja noch eine Auswahl weiterer Fußabdrücke des Herrn. Einer davon befindet sich auf dem Ölberg bei Jerusalem, der als Ort der Himmelfahrt Christi gilt, ein weiterer dürfte dagegen eher etwas für Exzentriker des Glaubens sein. Er ist im indischen Kaschmir zu besichtigen, wo unter dem Namen Rozabal mitten in der Stadt Srinagar das Grab Jesu liegen soll. Die Eröffnung seiner Existenz geht auf einen gewissen Mirza Ghulam Ahmad zurück, der die islamische Bewegung der Ahmadiyya gründete und die gläubige Weltöffentlichkeit 1908 mit der Mitteilung überraschte, er sei sowohl ein zweiter Messias als auch der von den Muslimen erwartete und von Allah gesandte Mahdi der Endzeit. Die Bibel weiß zumindest in der von den Kirchen anerkannten Fassung von einem Begräbnis Jesu in Indien und einem zweiten dort erscheinenden Heiland freilich ebenso wenig, wie diese Nachrichten ernsthafte Theologen bisher zum Umdenken gezwungen haben dürften.

Doch wechseln wir nun die Reliquien: Trotz der eben erwähnten Auswahl an Fußabdrücken Jesu ist die Zahl der in Kirchen verwahrten Nägel noch weit zahlreicher, mit denen der Sohn Gottes angeblich ans Kreuz genagelt worden sein soll.

Wenn man davon ausgeht, dass bei dem grausamen Martertod auf dem Berg Golgatha jeweils ein Nagel für die beiden Hände und ein bis zwei weitere für die Füße benötigt wurden, dürfte die Gesamtzahl der vorhandenen Nägel selbst bei großzügiger Zählung den Wert Vier nicht überschreiten. Anspruch darauf, Kreuzesnägel zu besitzen, erheben allerdings mindestens dreißig Kirchen auf der Welt, darunter so bedeutende wie Notre Dame in Paris sowie die Dome von Florenz, Mailand, Bamberg und Trier. Wer hat in dieser mehr als nur leicht unübersichtlichen Situation die Originale, wer die Fälschungen?

So könne man die Frage nicht stellen, antworten jetzt die einschlägigen Sachverständigen. Die Vielzahl der Nägel lässt sich nämlich kirchlicherseits leicht damit erklären, dass es sich bei ihnen um Kontaktreliquien handelt, wie wir sie ja schon weiter oben kennen gelernt haben. Ein authentischer Nagel reicht nach diesem Modell dafür aus, um Dutzende ähnlicher, allerdings dann nicht ganz so wertvoller Reliquien zu erzeugen. Und was sind angesichts dieser Möglichkeiten dann schon dreißig, vierzig oder sogar noch ein paar mehr Nägel? Die Perspektive ist – je nach Blickwinkel – ebenso berückend wie beängstigend: Rein theoretisch ließen sich von einigermaßen entschlossenen Fundamentalisten doch gleich ganze Baumärkte in heilige Orte verwandeln!

Ähnlich unspektakulär von ihrem Aussehen wie die mehrzölligen Kreuzesnägel, aber auch ähnlich groß von ihrer Aura ist eine weitere Reliquie, die ebenfalls an das Leiden Jesu erinnern soll: der Schwamm, der von Soldaten in Essig getaucht und anschließend dem am Kreuz hängenden Erlöser zur Löschung seines Durstes angeboten wurde.

Auch hier mutet es zunächst wunderbar an, dass ein im Prinzip bedeutungsloser Gegenstand wie ein ganz normaler Schwamm aus dem Besitz ganz normaler Leute die Jahrtausende überdauert haben soll. Aus einem simplen Utensil des Alltags wurde ein für Christen unschätzbar wertvolles Objekt, das von ihnen allein deshalb verehrt wird, weil es die Lippen des Gekreuzigten berührt haben soll. Gerade wegen dieser Einzigartigkeit wurde es aber auch als so bedeutend eingeschätzt, dass sich – wie so oft – verschiedene Kirchen um seine Aufbewahrung stritten. Anders als bei den Nägeln setzte man in diesem Fall jedoch nicht auf Vermehrung durch Kontakt: Der Schwamm wurde vielmehr geteilt. Einzelne Teile von ihm befinden sich jetzt in den römischen Kirchen San Giovanni in Laterano, Santa Maria Maggiore und Santa Maria in Trastevere sowie im Dom zu Aachen.

Mit einem großen Stück des Schwammes bediente sich im dreizehnten Jahrhundert auch der französische König Ludwig IX., der den bezeichnenden Beinamen ›der Heilige‹ trug. Über diesen Fang hinaus sorgte er ebenfalls dafür, dass zusätzlich weitere wesentliche Requisiten der Passionsgeschichte nach Frankreich gelangten. Zu nennen wären hier etwa Teile der Dornenkrone Christi oder die Spitze jener Lanze, mit der ein römischer Hauptmann namens Longinus dem verstorbenen Jesus in die Seite stach.

Ludwig IX., der zu den bedeutendsten europäischen Herrschern des Mittelalters gezählt wird, wollte mit dieser überaus anspruchsvollen Ausstattung an Heiligtümern sowohl für sein himmlisches wie für sein weltliches Wohl sorgen. Dass es ihm gelingen konnte, sich einige der wichtigsten Reliquien der Christenheit zu sichern, demonstrierte nicht nur bei seinen Untertanen, dass er im Himmel wohlgelitten war, und es unterstrich damit wirkungsvoll ebenso seine eigene Bedeutung wie die seiner gesamten Dynastie.

Vor diesem Hintergrund dürften für den augenscheinlich gleichermaßen frommen wie politisch geschickten Monarchen die Kosten absolut zu vernachlässigen gewesen sein, mit denen der Bau zu Buche schlug, den er für die einzigartigen Stücke der Religionsgeschichte errichten ließ. Der König ging denn auch neben allem anderen als Bauherr der ›Sainte Chapelle‹ in Paris in die Geschichte ein, einer Palastkapelle, die mit ihrer Architektur, der Ausgestaltung ihres Innenraums und vor allem wegen ihrer unvergleichlichen Glasfenster bis heute Menschen aus aller Welt fasziniert.

Zu Lebzeiten des Königs wäre ihnen das Gotteshaus allerdings verschlossen geblieben: Ludwig IX., der Wert darauf gelegt hatte, von seinen Räumen im königlichen Palast über eine Galerie direkt in die Kapelle gelangen zu können, hielt das einfache Volk Frankreichs von seinen Schätzen fern. Auch in der Herde des göttlichen Hirten scheinen eben manche Tiere doch etwas gleicher zu sein als die anderen. Zumindest sehen sie das selber so.

Beim Haare des Propheten

Es sind beileibe nicht nur Christen, die eine Behauptung damit bekräftigen, dass sie deren Richtigkeit ›beim Barte des Propheten‹ versichern. Die Nutzer der haarigen Formel gehören zumindest bei uns in ihrer Mehrheit aber vermutlich zu jener langsam schwindenden Generation, deren Bild von Arabien eher durch einen Kara ben Nemsi als durch einen Osama bin Laden geprägt wurde. Vom quirligen Hadschi Halef Omar Ben Hadschi Abul Abbas Ibn Hadschi Dawuhd al Gossarah ganz zu schweigen. Wäre es anders, hätte den durch diverse Medienberichte verunsicherten Christen die Furcht vor einem politisch-religiösen Fauxpas samt unabsehbaren Folgen vielleicht längst den Mund verschlossen: Beim Barte des Propheten? Darf man so etwas heute überhaupt noch sagen?

Keine Sorge, man darf. Denn einerseits ist die Feststellung, der allerhöchste muslimische Prophet Mohammed habe sein Kinn nicht kahl geschoren, keineswegs abwertend oder respektlos, zum anderen ist der Gesichtsschmuck des Stifters ihrer Religion wenigstens einigen Muslimen offensichtlich auch so wertvoll, dass sie die wenigen Reste, die von ihm die Jahrhunderte überhaupt überdauert haben, mit besonderer Ehrfurcht behandeln.

Manchmal hat das weitreichende Folgen. So wurde beispielsweise im März des Jahres 2002 weltweit berichtet, dass es wegen eines einzigen Haares des Propheten im indischen Kaschmir zu blutigen Straßenschlachten kam. Im dortigen Srinagar, das wir ja bereits durch sein für traditionelle Christen etwas überraschendes Jesus-Grab kennengelernt haben, wird nämlich auch ein braunes Barthaar aufbewahrt, bei dem gläubige Muslime davon ausgehen, dass es einst zum vermutlich prächtigen »Barte des Propheten« gehört hat.

Als deshalb ein Politiker der radikalen Hindu-Partei BJP in der mehrheitlich von Muslimen bewohnten Himalaya-Region seine andersgläubigen Landsleute damit provozierte, das heilige Haar im Hazratbal-Schrein entstamme gar nicht dem Haupt Mohammeds, sondern es sei um einiges banaler einst auf dem Kopf eines Hindu-Priesters gewachsen und müsse deshalb den Hindus zurückgegeben werden, entfachte er mit dieser herausfordernden Behauptung so sehr den Volkszorn, dass die als Antwort auf diese Provokation entflammten heftigen Ausschreitungen erst durch den massiven Einsatz der Staatsgewalt wieder eingedämmt werden konnten.

Für die in einer mit Silber beschlagenen Kristallkaraffe verwahrte und von vier Wächtern behütete Reliquie war es übrigens nicht das erste Mal, dass sie für Unruhen sorgte: Trotz aller Sicherheitsvorkehrungen war der winzige Überrest des Propheten im Jahr 1964 von Unbekannten sogar gestohlen worden. Glücklicherweise tauchte die von vielen Muslimen hoch verehrte Reliquie aber nach wenigen Tagen unbeschadet wieder auf, und die von wilden Verschwörungstheorien aufgewühlte Bevölkerung konnte sich wieder beruhigen.

Weit weniger Stress gibt es dagegen um weitere Haare Mohammeds, die im Topkapi-Palast der türkischen Metropole Istanbul aufbewahrt werden. Sie sind Teil einer Sammlung, die als »Heilige Reliquien« unter der arabischen Bezeichnung ›Amanat-i Muqaddese‹ weit über die Millionenstadt am Bosporus hinaus berühmt und bekannt ist. In Bezug auf ihre Vielfalt wie auf den religiösen Wert ihrer Stücke braucht sie keinen Vergleich mit christlichen Pendants zu scheuen.

Wie bei den Christen geht auch bei den Muslimen die Reliquiensammlung oft auf einen Herrscher zurück, der mit dem Hinweis auf das Jenseits seinen Herrschaftsanspruch im Diesseits untermauern will. Beim ›Amanat-i Muqaddese‹ handelt es sich bei dieser Person um Sultan Selim I., der von 1512 bis 1520 Sultan des Osmanischen Reiches war. Er trug den Beinamen ›Yavuz‹ (der Gestrenge), und ihm wird dazu passenderweise der denkwürdige Satz zugeschrieben »Ein Teppich hat genug Platz für zwei Muslime, aber die Welt hat nicht genug Platz für zwei Herrscher«.

Seine Handlungen folgten dieser Maxime: Nicht nur, dass er auf dem Weg an die Spitze zunächst einen Krieg gegen seinen eigenen Vater führte und zur Absicherung seiner Führungsposition dann seine Brüder und sämtlichen Neffen hinrichten ließ, als strenggläubiger Sunnit wie als weitgehend skrupelloser Machtmensch zog er im Anschluss siegreich gegen die schiitischen Perser zu Felde und unterwarf später fast die gesamte arabische Halbinsel seiner Herrschaft. Dadurch kamen auch die heiligen islamischen Stätten Mekka und Medina in seinen Machtbereich, und er konnte der ohnehin eindrucksvollen Liste seiner Titel einen weiteren hinzufügen: Diener der heiligen Städte.

Mit der Eroberung Kairos erweiterte er nicht nur sein Reich, er konnte auch den bis dahin von der Dynastie der Abbasiden geführten Titel des Kalifen für sich reklamieren. Dieser Kalif trug die Sorge und Verantwortung für die ›Heiligen Reliquien‹ als den Symbolen seines Kalifats, und da lag es nahe, die verehrungswürdigen Relikte ins osmanische Istanbul zu überführen. Dass mit diesem Umzug der Niedergang der ehemals mächtigen Abbasiden nochmals und für alle Augen sichtbar unterstrichen wurde, dürfte sicherlich ein keinesfalls unerwünschter Nebeneffekt der ganzen Angelegenheit gewesen sein.

Vor diesem Hintergrund hätten sich die sympathischen Gangster aus der Eric-Ambler-Verfilmung ›Topkapi‹ vielleicht lieber ein anderes Ziel suchen sollen als ausgerechnet einen smaragdbesetzten Dolch, aber ihnen ging es schlicht um materielle Kostbarkeiten und nicht um immaterielle Werte. Sie gleichen damit wahrscheinlich der Mehrheit der schaulustigen Touristen, denen in der seit 1924 als Museum genutzten Anlage von der Größe einer kleineren Stadt hauptsächlich wertvolle Juwelen und Waffen, Kunstgegenstände und Handschriften als die wichtigsten Schätze des ehemaligen Sultan-Sitzes gezeigt werden. Zumindest für gläubige Muslime stellen die ›Heiligen Reliquien‹ jedoch nach wie vor die eigentliche Attraktion dar.

Zu diesen Reliquien zählen außer einigen Haaren Mohammeds vor allem ein in einer Schmuckschatulle aufbewahrter Zahn des Propheten – er wurde ihm im Jahr 625 während der Schlacht von Uhud durch einen auf ihn geschleuderten Stein ausgeschlagen –, ein schwarzer und mit cremefarbener Wolle gefütterter Mantel aus dem Besitz des Propheten, der auch als ›der edle Mantel‹ oder ›der Mantel des Glücks‹ bekannt ist, ferner die Standarte, die Mohammed während der von ihm geführten Kriege in seinem Heer tragen ließ, sowie zwei teilweise mit Gold und Edelsteinen geschmückte Schwerter, die dem Propheten zugeschrieben werden, von – fast möchte man sagen: wie üblich – mehreren Fußabdrücken des heiligen Mannes einmal ganz abgesehen.

Für konservative Muslime gehört sich gegenüber diesen einzigartigen Ausstellungsstücken eine derartige Achtung und Verehrung, dass die strenggläubigsten unter ihnen wegen augenscheinlich mangelnder Gottesfurcht unter den Besuchern sogar eine Schließung des Museumstraktes fordern, in dem die Reliquien Touristenströmen aus aller Welt gezeigt werden.

Diese radikale Position ist nicht unumstritten, denn offiziell kann es aus theologischen Gründen im Islam weder eine Verehrung von Heiligen noch von Reliquien geben. In einer derart streng auf nur einen Gott ausgerichteten Religion wie dem Islam gebührt allein Allah die Ehre. Er allein wird angebetet, er ist der Herr der Geschichte und aller Schicksale.

Menschen sind und bleiben für die Anhänger eines solchen Glaubens in jedem Fall immer nur Menschen. Selbst ein Zahn oder ein Barthaar einer herausragenden Persönlichkeit wie der Mohammeds kann danach nicht mehr als ein nach dem Tode des Besitzers letztlich unnützer Teil seines dahingegangenen Körpers sein.

Theoretisch. In der Praxis fand sich nach einigen gedanklichen Kurven allerdings schon sehr schnell doch eine Begründung, die die namentlich vom gläubigen Volk gewünschte Präsentation und Verehrung von Reliquien möglich machte. Wenn nämlich – so der ebenso gewitzte wie gewundene Gedankengang – aus Liebe zum Propheten Mohammed Gegenstände aus dem Umgang ebendieses Propheten gesammelt wurden, galt diese Liebe mittelbar natürlich ausschließlich Allah. Mohammed wurde nicht deshalb geliebt, weil er ein einnehmendes und womöglich überaus sympathisches Wesen besessen haben dürfte, sondern seine Anhänger achteten und verehrten ihn deswegen, weil er ihnen die Gedanken einer neuen Religion vermittelte, durch die das Wirken eines einzigen und allmächtigen Gottes spürbar wurde. Bis heute wird solchen Überlegungen zufolge mit den Reliquien also nicht etwa der Gesandte geehrt, sondern es geht allein um denjenigen, der ihn gesandt hat. Und gegen eine solche Verehrung dürften selbst die strengsten Bewahrer der Einzigartigkeit ihres Gottes wohl kaum etwas einwenden können.

In den prächtigen Hallen des Topkapi-Palastes werden übrigens auch Juden und Christen fündig, die nach Spuren ihrer eigenen Glaubensväter suchen. Da Judentum, Christentum und Islam gemeinsam den Dreierbund der sogenannten ›abrahamitischen Religionen‹ bilden und sie gemeinsam zumindest zum Teil aus denselben Quellen schöpfen, ist es kein Wunder, dass auch das religiöse Personal der drei Glaubensgemeinschaften nicht grundverschieden ist. Selbst Jesus taucht im Koran auf, wenn auch selbstverständlich nicht als Gottessohn, sondern als wichtiger, allerdings Mohammed als dem letzten und höchsten ›Siegel der Propheten‹ nachgeordneter Künder Gottes.

In den Gemächern von Istanbul zeigt diese teilweise Gleichheit von Wurzeln und Quellen Konsequenzen. Dort findet sich deshalb nicht nur das aus Quarzsandstein bestehende Kochgeschirr Abrahams, sondern in die Sammlung wurde auch ein eher unscheinbarer Holzstab von 122 Zentimetern Länge aufgenommen. Wie zu vermuten, zählt bei ihm nicht seine schmucklose Erscheinung – was ihn aus der Masse ähnlicher Hölzer heraushebt, sind seine inneren Werte. Nach muslimischer Auffassung handelt es sich bei dem unauffälligen Wanderstock nämlich um nichts anderes als den Stab, den Mose vor den Pharao warf und der sich dort auf Geheiß Gottes wunderbarerweise in eine Schlange verwandelte. Später vermehrte er seine Bedeutung noch dadurch, dass Mose mit ihm das Rote Meer teilte, um das Volk Israels sicher hindurchzuleiten und dessen Verfolger im ägyptischen Heer zu vernichten.

Nur gut, dass offensichtlich zumindest einer unter den wandernden Israeliten so aufmerksam war, den wundertätigen Stab nach dessen so hilfreichen Gebrauch für die Nachwelt zu sichern. Gläubige Juden, Christen und Muslime wären heute ärmer ohne diese Umsicht.

Waschen, Hüpfen, Kriechen

Wollte sich der sprichwörtliche Mann im Mond – wenn es ihn denn überhaupt gäbe – einmal per Fernglas über das Treiben seiner irdischen Nachbarn unterrichten, hätte er dazu nicht allzu viele Möglichkeiten. Vom einzigen natürlichen Trabanten der Erde ist auf dem blauen Gestirn kaum etwas Menschliches zu erkennen. Die chinesische Mauer, eventuell noch das Fünfeck des Pentagons: Das wäre es dann auch schon. Wenn, ja, wenn es nicht die Kumbh Mela gäbe. Diese alle zwölf Jahre stattfindende hinduistische Wallfahrt gilt als die einzige Zusammenkunft von Menschen auf der Erde, die wegen der schieren Menge ihrer Teilnehmer sogar vom Mond aus sichtbar ist.

Angefangen hat alles einmal mit einem denkwürdigen Kampf zwischen Göttern und Dämonen. Jedenfalls, wenn man der Mythologie der Hindus glauben will. Bei diesem überirdischen Streit ging es um das Elixier Amrita, das bereits im uralten und mit rund 100 000 Versen selbst kaum fassbaren

Mahabharata-Epos erwähnt wird. Beide Gruppen wollten diesen sagenhaften Trank dringend in ihren Besitz bringen, weil er demjenigen, der ihn trinkt, das Leben verlängert und ihn vor Todesgefahr schützt. Für beide Parteien war das höchst wichtig, denn selbst Götter sind im Hinduismus nicht automatisch unsterblich.

Bei der Herstellung des Lebenstranks, dem vermutlich überaus spektakulären und in gleich mehreren Versionen erzählten Verquirlen des Milchozeans Samudra Manthana, hatten sie noch zusammengearbeitet, schon bald nach Erledigung dieser Arbeit kam jedoch Zwietracht auf: Die Dämonen wollten das segensreiche Getränk ausschließlich für sich!

Der Kampf blieb unentschieden, bis der halb menschenförmige, halb adlerartige Sagenvogel Garuda, das Reittier des Gottes Vishnu, mit dem Trank davonflog. Bei seinem Flug verlor er allerdings vier Tropfen des unschätzbaren Nektars, die zurück auf die Erde fielen und dort die vier Städte Nasik, Ujjain, Haridwar und Allahabad trafen.

Diese vier Orte im mittleren und nördlichen Indien bilden als heilige Städte deshalb bis heute die Ziele einer berühmten Wallfahrt, die als größter Pilgerzug des Hinduismus wie der Welt überhaupt gilt und alle zwölf Jahre stattfindet. Dieser ungewöhnliche Rhythmus ist ebenfalls mythologisch bedingt, denn zwölf Tage lang verweilten die Götter nach dem Mythos auf der Erde, und diese zwölf göttlichen Tage entsprechen nach religiöser Zählung zwölf menschlichen Jahren. Der Hinduismus zählt damit überraschenderweise um einiges schneller als das Christentum, denn nach dessen im 2. Petrusbrief niedergelegter Vorstellung entsprechen erst tausend Jahre irdischer Zeitrechnung einem einzigen Tag vor dem göttlichen Herrn. Was dem aufmerksamen Beobachter einmal mehr zeigt, dass nicht nur die wirtschaftlichen, sondern auch die religiösen Uhren im Osten und im Westen offensichtlich mit unterschiedlichen Geschwindigkeiten gehen.

Liturgisch befriedigt die seit dem 7. Jahrhundert schriftlich erwähnte Kumbh Mela allerdings kaum ausgefallene Geschmäcker. Ein paar rituelle Bäder und Waschungen in heiligen Gewässern wie dem Ganges und fromme Erweise religiösen Respekts gegenüber heiligen Männern wie Gurus, Swamis und Saddhus, damit hat es sich dann auch schon.

Was allein aus der rituell eher durchschnittlichen hinduistischen Wallfahrt ein besonderes Ereignis macht, das ist die schiere Masse ihrer Teilnehmer. An der letzten großen Kumbh Mela, die in den Monaten Januar und Februar des Jahres 2001 im westlich von Benares gelegenen Allahabad stattfand, nahmen – je nach notgedrungen ungenauer Zählung – zwischen 75 und 90 Millionen Menschen teil. Für die immerhin fünf Kilometer breite Badestelle am Ganges bedeutete das, dass dort nach Angaben der Veranstalter pro Minute 25 000 Menschen ihre Leiber in die Fluten tauchten.

Die Polizei war während der heiligen Badetage durchschnittlich mit 20 000 Beamten samt Spürhunden, Video-Überwachung und Anti-Terror-Einheiten im Einsatz. Mit dieser geballten Präsenz sollte vor allem dafür gesorgt werden, dass es etwa über die Frage der Reihenfolge der Badenden zu keinen Prügeleien zwischen den Pilgern kam, die in ihrer Mehrheit offensichtlich durchaus nicht nur vom Gedanken an das Nirvana beseelt waren. Frühere Kumbh Melas hatten sich jedenfalls als keineswegs ungefährliche Ereignisse erwiesen: Bei den Wallfahrten in den Jahren 1954 und 1986 waren beispielsweise jeweils mehr als 1000 Menschen im Gedränge zu Tode getrampelt worden.

Christliche Wallfahrten müssen angesichts der Größe der Kumbh Mela zurückstecken. Selbst wenn sich alle katholisch oder evangelisch Getauften in Deutschland komplett etwa zu einer Wallfahrt versammelten, würde das für ein ähnliches Massenevent wie in Indien nicht im Entferntesten ausreichen. Die Kirchen vertrauen deswegen eher auf einen stetigen Pilgerstrom, wie er den Hotels und Herbergen beispielsweise im Wallfahrtsort Lourdes jährlich über sechs Millionen Übernachtungen beschert. Manchmal sind es aber auch ganz spezielle Riten, von denen die Frommen und Frömmler dieser Welt ebenso angezogen werden wie die Touristen.

Zu den bekanntesten solcher Wallfahrten dürfte die Echternacher Springprozession gehören. Diese liturgische Veranstaltung hat es sogar dazu gebracht, in den nahezu unvergänglichen Schatz geflügelter Worte der deutschen Sprache einzugehen: Wenn eine Verhandlung oder ein politischer Prozess voranschreitet wie die berühmte Prozession in der kleinen Stadt an der deutsch-luxemburgischen Grenze, kann von einem schnellen Fortschritt keine Rede sein. Stattdessen geht es bei dem so beschriebenen Zug nur sehr schleppend vorwärts, und es sind regelmäßige Rückschläge zu befürchten.

Der alljährlich am Dienstag nach Pfingsten veranstalteten Prozession tut die zitierte Redensart in jedem Fall bitter Unrecht: Rückwärts gesprungen, so sagt es zumindest der katholische Willibrordus-Bauverein als Veranstalter, wurde in Echternach noch nie. Entsprechende Behauptungen seien schlicht falsch und bedienten böse Klischees. Schlampige Journalisten schrieben halt immer wieder ab, was ihre ebenso schlampigen Vorgänger einmal falsch recherchiert hätten.

Was aber passiert denn nun wirklich bei den zehn- bis zwölftausend Springern, die das kleine Großherzogtum regelmäßig immer wieder zum Erbeben bringen?

Nach ordentlicher Recherche wird in Echternach zumindest seit 1947 nur noch diszipliniert nach vorn gesprungen und das Ganze dann mit einem Schritt nach links und einem weiteren nach rechts kombiniert. Als taktgebende Musik dazu dient eine einfache Volksliedmelodie, die an eine Polka erinnert.

Wer auch immer behauptet, es würde zusätzlich rückwärts gesprungen, hat nach der festen Meinung der Bauleute von St. Willibrord einfach nicht genau genug hingeschaut. Allenfalls früher, als die Prozession noch nicht so glänzend organisiert war wie heute, sei es manchmal zu Stockungen im Vorwärtsdrang gekommen, und dann seien Pilger vielleicht auf der Stelle gesprungen oder eventuell sogar zurückgewichen. Aber absichtliche Rücksprünge: nie und nimmer! Da sei der heilige Willibrord vor!

Auf den dürfte die ganze Springerei auch überhaupt zurückgehen, obwohl das so genau heute niemand mehr weiß. Die Veranstalter rätseln selbst darüber, ob die Ursprünge der Prozession vielleicht in heidnischen Bräuchen liegen, die zunächst vom Christentum übernommen und dann unter das Patronat Willibrords gestellt wurden. Dieser Heilige, der zu Beginn des 8. Jahrhunderts als Abt des von ihm persönlich gegründeten Klosters in Echternach wirkte und der sich darüber hinaus als ›Apostel der Friesen‹ einen Namen in der Missionsarbeit machte, lockte jedenfalls bereits kurz nach seinem Tod wahre Pilgerströme an sein Grab. Da er als Schutzheiliger gegen epileptische Anfälle gilt, die im Volksmund auch als ›Echternacher Krankheit‹ bezeichnet werden, mag es bei diesen Pilgerzügen schon sehr früh dann und wann zu – nicht immer ganz freiwilligem – Springen gekommen sein. Was den Charme einer zweiten möglichen Erklärung besäße.

Nach vorübergehenden Verboten im 18. Jahrhundert, als beispielsweise ausgerechnet der Bischof von Trier Musik und Tanz in Verbindung mit der Springprozession als ›abergläubisch‹ untersagte, blüht der rhythmische Dreisprung in Echternach heute mehr denn je. Kein Wunder, denn – um ein letztes Mal den Willibrord-Bauverein zu zitieren: »Die Springprozession spricht auch heute noch den modernen Menschen an, da sie ihm ermöglicht, den ganzen Körper in das Gebet mit einzubeziehen. Das Springen ist Ausdruck der Freude, aber auch durch die geforderte Anstrengung eine echte Bußübung. Es vermittelt das Gefühl, sich in der Gemeinschaft des Gottesvolkes auf dem Wege zum ewigen Ziel zu bewegen.« Und wer wollte dabei schon rückwärts springen?

Mag das prozessionsmäßige Hüpfen also gewissermaßen das Volk des Herrn gedanklich und tatsächlich auf einen spirituellen Weg bringen, woran hat man dann aber zu denken, wenn es um die eher seltsamen »Durchkriechriten« in diversen Kirchen und Kapellen geht?

In der Wallfahrtskirche zur heiligen Korona in Koppenwall bei Landshut gibt es beispielsweise einen sogenannten ›Schlupfaltar‹, der sich mit einem uralten Brauch verbindet, der in der Gegend als ›Bögeln‹ bekannt ist. Bei dieser rätselhaften Tätigkeit geht es nach den Worten einer historischen Beschreibung darum, »während der Andacht durch das Loch des Altarsteines, auf dem der Altar liegt, ... zu schlüpfen, damit man in der Ernte kein Kreuzweh bekommt«.

Das Bögeln selbst dürfte weit älter sein als der Altar, der erst aus dem 17. Jahrhundert stammt. Schon in vorchristlicher Zeit krochen Heilung Suchende durch allerlei Öffnungen in Höhlen und Hecken, Steinen und Spalten, um beim Kriechen durch ein enges Loch sämtliche sie bedrückenden und belästigenden Krankheiten und Sorgen gleichsam abzustreifen. In einer eher urtümlichen Version der alten Lateiner-Weisheit ›Per aspera ad astra‹ (Durch Mühsal zu den Sternen) glaubten sie, durch die enge Dunkelheit eines Durchschlupfes quasi wie neugeboren wieder ans Licht der Welt zurückzukehren.

Der offiziellen Kirche waren solche post-heidnischen Ableger fröhlicher Volksfrömmigkeit durchaus nicht immer willkommen. Und nicht immer ging es bei den Vorwürfen unchristlichen Aberglaubens auch nur um theologische Probleme. In Koppenwall war es beispielsweise keineswegs ein Abweichen vom rechten Glauben, was 1836 einen gewissen Pfarrer Parzefahl ausgerechnet aus Pfaffendorf störte. In einem empörten Schreiben an seinen Bischof entrüstete sich der Kirchenmann vielmehr darüber, dass es »besonders bei ledigen Leuten, wenn sie noch dazu dick beleibt sind, manchmal ziemlich unanständig zugeht und viel Gelächter entsteht«.

Der Beliebtheit von durchlöcherten Steinen und durchkriechbaren Öffnungen tat das indes keinen Abbruch. Auch in der Kirche von St. Wolfgang im oberbayrischen Altenmarkt findet sich zum Beispiel inklusive eines Fußabdrucks des Heiligen ein solcher Schlupfstein, der – natürlich in Gottes Namen – denjenigen, die durch seine Öffnung kriechen und dabei die Wolfgangsreliquie berühren, Freiheit von jeglichen Rückenleiden verspricht.

Nicht nur, aber auch Hilfe gegen schmerzende Rücken verspricht der heilige Otto, der im 12. Jahrhundert Bischof von Bamberg war. Fromme Gläubige können ihm ihre Anliegen bis heute besonders nahebringen, indem sie direkt durch seinen Sarkophag im Bamberger Kloster Michelsberg schlüpfen: Ein schmaler Durchstieg durch das um 1440 entstandene Grabmahl macht es möglich.

Mehr als nur ein wenig anders sind ganz offensichtlich Sinn und Zweck eines weiteren Loches, das in Aachen zum Durchkriechen aufzufordern scheint. In der dortigen Pfalzkapelle des Karlsdoms steht ein schmuckloses Möbel aus antiken Marmorplatten und einer eichenen Sitzfläche, das demjenigen, der auf ihr Platz nahm, trotz der betonten Schlichtheit des Designs Achtung und Respekt eines riesigen Reiches sicherte: Es ist der Kaiserthron Karls des Großen.

Unter dem Thron findet sich eine Öffnung, bei der unter Forschern strittig ist, ob sie dazu gedacht war, dass die Untertanen des fränkischen Herrschers durch sie hindurchkrochen oder ob sie ausschließlich dazu diente, in ihr diverse Gegenstände zu deponieren, die nach Art von Kontaktreliquien durch die Nähe zum Kaiser besonderen Wert gewinnen sollten.

Doch gleichgültig, womit das Loch unter dem Thron nun tatsächlich gefüllt wurde: Ein besseres Symbol für die Macht Karls ist wohl kaum vorstellbar! Oben sitzt der Herrscher, unten bücken sich die Beherrschten, oder sie legen devot ihre Gaben ab. Eindrücklicher lässt sich Herrschaft wohl bis heute nicht demonstrieren.

Rückenschmerzen? Kreuzleiden? Darum mögen sich in diesem speziellen Fall doch bitte andere kümmern!

Und jetzt noch etwas wirklich Aufbauendes …

Von gottlosen Männchen

Gottes wallend würdig-weiße Haarpracht wurde nachbearbeitet. Ursprünglich war sie nichts anderes als ein kleiner Helm, wie er im reichhaltigen Sortiment des dänischen Spielzeugherstellers Lego bei verschiedenen Figuren wie Astronauten, Motorradfahrern und Verkehrspolizisten Verwendung findet. Mittels eines sensiblen Eingriffs per Taschenmesser verwandelte der amerikanische Künstler und Autor Brendan Powell Smith den Kopfschutz jedoch in die nachgerade klassische Frisur des jüdisch-christlichen Schöpfergottes und krönte damit gewissermaßen sein Werk: die allein aus Legosteinen und -figuren zusammengesetzte Komplettfassung der Bibel. Sie firmiert nach dem englischen Ausdruck für Baustein unter dem Namen ›The Brick Testament‹ und ist inzwischen als mehrbändige Buchreihe erhältlich. Gläubige wie ungläubige Surfer können sich aber auch im Internet unter der Web-Adresse *www.thebricktestament.com* jederzeit davon überzeugen, dass sich aus den kleinen Steinen mit den runden Noppen etwas wirklich Aufbauendes herstellen lässt.

Brendan Powell Smith, der als Mitglied der amerikanischen Episkopalkirche aufwuchs, sich nach einem abgeschlossenen

Studium in Philosophie und Religionswissenschaft inzwischen aber als von Glaubensfragen faszinierten Atheisten bezeichnet, begann mit der Arbeit an seiner Baustein-Bibel im Jahr 2001. Er selbst nennt sein Werk die »größte und umfassendste illustrierte Bibel der Welt«. Sie besteht aus mehr als 4400 mit einer Digitalkamera aufgenommenen Illustrationen, die insgesamt über 400 biblische Geschichten wiedergeben.

Ziel dieser von Smith im Alleingang gebauten und fotographierten Szenen ist es nach Aussagen des fleißigen Baumeisters, einen intellektuell barrierefreien Zugang zur Bibel zu schaffen und die Kenntnis darüber zu verbreitern, was denn eigentlich so alles im heiligen Buch der Juden und Christen steht. Smith hat sich dabei zur Treue gegenüber den biblischen Inhalten verpflichtet, gleichzeitig will er aber vor allem eines nicht: langweilen. Wenn er also Gott und die Welt auf den Maßstab zentimetergroßer Figuren verkleinert und Bibelverse in Sprechblasen gießt, sollen diese Darstellungen den Betrachtern nicht zuletzt Spaß machen und selbst diejenigen fesseln, die sich ihren Kick sonst eher beim Fight von Superman gegen Lex Luthor als beim Kampf von David gegen Goliath holen.

Wer bei der Lego-Lektüre Lust auf mehr bekommen hat, kann es denn gerne auch Brendan Powell Smith gleichtun und selbst zum Baukasten greifen. Sollten dabei bestimmte Steine fehlen, bietet der Internet-Shop des ›Brick Testament‹ zügige Abhilfe. Modelliert in ›feinstem dänischen Plastik‹ ist dort beispielsweise die Heilige Dreifaltigkeit ebenso erhältlich wie eine in grellem Postgelb gehaltene Bundeslade oder eine theologisch besonders aussagekräftige Zweiergruppe aus einem Engel und einem Teufel, komplett samt Flügeln und

Heiligenschein auf der einen und schwarzem Umhang sowie dräuendem Dreizack auf der anderen Seite.

Besonders kreative Bibel-Baumeister könnten sich nach diesen Inspirationen dann bei ihren eigenen Illustrationsversuchen vielleicht sogar an eine Stelle im Buch ›Prediger‹ oder ›Kohelet‹ wagen, das – wie schon kurze Leseproben nahelegen – vermutlich mit vollstem Recht unter die ›Bücher der Weisheit‹ im Alten Testament gerechnet wird. Nach der Übersetzung von Martin Luther halten dort die bereits weiter oben einmal zitierten Verse 16 und 17 im siebten Kapitel die sehr menschliche Aufforderung bereit: »Sei nicht allzu gerecht und nicht allzu weise, damit du dich nicht zugrunde richtest. Sei nicht allzu gottlos und sei kein Tor, damit du nicht stirbst vor deiner Zeit.«

Ein bisschen Unvollkommenheit und ein bisschen Gottlosigkeit gehen also selbst nach dem Urteil von allerhöchster Stelle vollkommen in Ordnung. Auch das dürfte bereits unter die in diesem Buch vorgestellten Merkwürdigkeiten im Bereich der Religionen zu rechnen sein: Welche andere heilige Schrift hätte je so viel Verständnis gegenüber ihren Lesern bewiesen?

Michael Köhlmeier

Geschichten von der Bibel

Von der Erschaffung der Welt bis Josef in Ägypten. 268 Seiten. Piper Taschenbuch

Die Bibel ist nicht nur das Wort Gottes, sondern auch ein grandioses Geschichtenreservoir der Menschheit. Am Anfang steht die Schöpfung, und damit beginnt Michael Köhlmeier seine Geschichten von der Bibel, die er ursprünglich frei im Rundfunk erzählt hat. Am sechsten Tag bringt Gott mit Adam und Eva die Menschen in die Welt, die sich nach der Vertreibung aus dem Paradies schon bald in Mord und Totschlag üben, wenn Kain seinen Bruder Abel umbringt. Mit der Sintflut setzt der noch sehr unberechenbare Gott ein grausames Zeichen, bis mit dem Turmbau zu Babel die biblische Urgeschichte endet und die Menschheit in alle Winde zerstreut ist. Köhlmeier erzählt weiter von Abraham, Sarah, Isaak und Jakob und schildert schließlich, wie Josef zum zweitmächtigsten Mann in Ägypten wird.

05/1092/02/L

Michael Köhlmeier

Sagen des klassischen Altertums

189 Seiten. Piper Taschenbuch

Die Begriffe sind jedem geläufig: vom Ödipus-Komplex bis zur Achilles-Ferse, von den Tantalos-Qualen bis zum Trojanischen Pferd oder zum Danaer-Geschenk, was übrigens genau dieses Pferd ist. Aber wer kennt noch all die Sagen und Geschichten wirklich, aus denen sie stammen? Wer hat heute noch die griechische Mythologie im Kopf? – Jene wundervollen Geschichten, auf denen so viel in unserer abendländischen Kultur basiert? Homer hat sie uns überliefert, und Köhlmeier erzählt sie uns neu – und ganz anders, als es Gustav Schwab tat.

05/1102/02/R

Hans Küng

Der Islam

Geschichte, Gegenwart, Zukunft.
896 Seiten. Piper Taschenbuch

Nach Hans Küngs bahnbrechenden Grundlagenwerken »Das Judentum« und »Das Christentum« hier der Abschluß seiner Trilogie über die drei abrahamischen Religionen:
»Ich werde in diesem Buch eine große Geschichte erzählen, die ungeheuer dramatisch und vielgestaltig ist. Mich interessiert nicht primär die Vergangenheit, sondern die Gegenwart: wie der Islam zu dem geworden ist, was er heute ist – im Hinblick darauf, wie er sein könnte.«

»Das Buch besticht durch seine Klarheit und trotz des Umfangs durch seine gute Lesbarkeit.«
Der Spiegel

05/2181/02/L

Hans Küng, Heinz Bechert

Christentum und Weltreligionen. Buddhismus

234 Seiten. Piper Taschenbuch

Immer mehr Menschen des Westens fühlen sich vom Buddhismus angesprochen. Die Lehre von der Eigenverantwortlichkeit jedes einzelnen und die Aufforderung Buddhas, die Richtigkeit seiner Lehre durch eigene Praxis nachzuprüfen, fasziniert in zunehmendem Maß. Der Buddhismus-Forscher Heinz Bechert legt die Wurzeln der Lehre Buddhas dar und ihre Veränderungen auf dem Weg zur Massenreligion der Gegenwart. In seinen »Antworten« zeigt Hans Küng, was Christen daraus lernen können – und was nicht.

»Das Buch ist ein Beispiel dafür, wie sich in einer verwirrenden Menge von Glaubensüberzeugungen kundig miteinander reden läßt.«
Frankfurter Allgemeine Zeitung

05/1701/02/R

PIPER

PIPER

Christoph Süß

Ich denke, also bin ich verwirrt

Meine liebsten Welterklärungen. 320 Seiten mit 20 Abbildungen. Gebunden

Die Welt dreht sich, und uns ist schlecht. Wir müssen in der Zeit der Unverständlichkeit leben, in einem Universum, das sowieso zu groß ist. Was soll man da über sich denken? Und warum eigentlich? Was ist der Sinn? Gibt es Glück? Wie antworteten die Leuchten des Abendlands auf diese Fragen? Christoph Süß erzählt eine hochironische, böse und sprühend andere Geistesgeschichte. Von den Jahrtausendklassikern der Griechen übers sonnige Mittelalter, in dem noch niemand mit Wissen belästigt wurde, von den letzten Alchimisten und den drei von der Uni Tübingen bis zu dem Punkt, an dem schließlich modern die Post abgeht und nicht nur Geld, sondern auch die Welt verschwindet. Ja, und jetzt?

01/1876/01/L